中国宏观经济研究院
Chinese Academy of Macroeconomic Research

国宏智库青年丛书

农民在市民化过程中的
土地权利研究

Study on Farmers' Land Rights in the
Process of Citizenization

郭冠男 ◎ 著

中国社会科学出版社

图书在版编目（CIP）数据

农民在市民化过程中的土地权利研究／郭冠男著．—北京：中国社会
科学出版社，2020.7
（国宏智库青年丛书）
ISBN 978－7－5203－6730－1

Ⅰ.①农⋯　Ⅱ.①郭⋯　Ⅲ.①农民—土地所有权—研究—中国
②农民—土地使用权—研究—中国　Ⅳ.①F321.1

中国版本图书馆 CIP 数据核字（2020）第 113419 号

出 版 人	赵剑英
策 划 人	喻 苗
责任编辑	李海莹
责任校对	胡新芳
责任印制	王 超

出　　版	中国社会科学出版社
社　　址	北京鼓楼西大街甲 158 号
邮　　编	100720
网　　址	http://www.csspw.cn
发 行 部	010－84083685
门 市 部	010－84029450
经　　销	新华书店及其他书店

印　　刷	北京明恒达印务有限公司
装　　订	廊坊市广阳区广增装订厂
版　　次	2020 年 7 月第 1 版
印　　次	2020 年 7 月第 1 次印刷

开　　本	710×1000　1/16
印　　张	13.5
字　　数	182 千字
定　　价	78.00 元

凡购买中国社会科学出版社图书，如有质量问题请与本社营销中心联系调换
电话：010－84083683

摘　　要

　　我国正处于城镇化的关键时期，农民市民化是城镇化过程中的必然现象，也是我国城镇化进程中农村人口向城镇集聚最重要的特征。在这个过程中，农民变市民，不是简单的身份转换，农民在转为市民的过程中以及成为市民之后，其土地权利和土地处置问题，是我国在城镇化过程中必须进行的重大政策选择。当前我国经济社会水平已经进入历史新阶段，不能再靠牺牲农村、农民的利益来支持工业和城市。在此背景下，更加深入具体地研究农民土地权利问题，对以土地为基础的利益或土地收益在权利主体间再分配，构建符合当前经济社会发展现状、反映农民发展需求的理论分析框架和实践探索政策框架，具有较强的理论意义和现实意义。

　　本书在农民市民化视角下，首先对我国农村土地制度变迁与农民土地权利演变进行了梳理和分析，其次深入刻画和分析当前城镇化进程和农民市民化进程中的农民土地权利贫困，最后用实证方法分析并总结了农民在市民化过程中对其土地权利的诉求。在重新审视农民市民化背景下的土地功能演变和借鉴国外经验的基础上，对当前农民土地权利价值取向判断和规范性质进行了分析。在此基础上，厘清改革内在逻辑，对多种改革方案进行了讨论，深入分析"三权分置"的制度优势，并以此为思路，设计农民具体土地权利的实现途径，提出政策建议。

　　本书的主要结论有以下几点。第一，农村土地制度历经数次变迁的核心是农民土地权利的变化，农民的土地权利诉求合理体现在制度供给中是改革成功的必要条件。第二，现行农村土地制度没有回应农民在当前市民化动态过程中的权利诉求变化，导致农民在现实中的土地权利贫困。第三，农民在市民化进程中的土地权利诉求开始分离且变得多元，一部分要保留土地的社会保障和增强抵御各类风险的作用，而另一部分要通过增强土地权利的市场交易和配置功能实现土地的财产价值。第四，城乡"静态二元结构"已经演变为"动态二元结构"，现行的农民权利制度是与过去的"静态二元格局"相适应的。农民对其土地权利从"静态二元结构"中通过占有土地、经营土地获得收益的"单一诉求"演变为"动态二元结构"中的"多元诉求"。农民的多元诉求必然要求农民土地权利进一步分离和明晰，这也是"三权分置"的制度基础。第五，构建"三权分置"的农村土地权利制度，在集体所有制下对以土地为基础的利益在权利主体间再分配。对承包地来说，坚持集体所有权的同时，将农民的承包经营权分离成两个权利：承包权和经营权，承包权归农户，分离出来的经营权也归农民，但农民可自主通过多种方式转让给不限于集体范围的其他主体。与承包地类似，"三权分置"的思路也可以用来改造农民的其他土地权利，包括农民的宅基地使用权和集体土地收益分配权。

　　本书的政策建议分为三类。第一类是针对农民的承包地权利，分别对构建三权分置、权利关系明确的农地流转制度、探索土地经营权抵押担保的渐进式可持续模式、建立健全土地承包权有偿退出机制提出具体政策建议。第二类是针对农民的宅基地权利，分别对探索有条件的、差异化的宅基地使用权流转制度、开展宅基地使用权及住房抵押担保探索、制定宅基地分配权有偿退出的长期制度提出具体政策建议。第三类是农民在征地过程中和在集体土地收益中的土地权利保障政策。本书初步构建了"三权分置"思路下农民实现土地权利的政策框架。

　　关键词：农民　土地权利　三权分置　市民化　农村土地制度

目　　录

第一章 导论

第一节 问题的提出

我国正处于城镇化的关键时期，国家高度重视城镇化战略。城镇化是一个内涵复杂、涉及多个方面的经济社会发展转型过程，包括了人口流动、地域变迁、生产要素集聚、文化意识嬗变、社会管理方式变化等要素，但毫无疑问，人口向城市集聚是城镇化中一个最重要的要素。农民市民化是城镇化过程中农村人口向城镇集聚最重要的特征，也是这个过程的必然现象。

在这个过程中，农民变市民，不是简单的身份转换，农民在转为城镇居民的过程中以及成为城镇居民之后，其土地权利包括承包地宅基地的处置问题、集体土地权益享受等问题，是我国在城镇化过程中必须进行的重大政策选择。这个政策选择与我国经济社会发展中的很多议题相关，必须要平衡国家农业生产发展要求、城镇化工业化带来的空间形态扩张需求以及农民对其土地的权利诉求。历史地看，在我国农村土地制度变革中，农民的诉求常常被忽视、被弱化，聚焦到当前经济社会发展阶段，制度对农民的土地权利的僵化和弱化不仅不利于解决长期存在的"三农"问题，不利于农村居民和城镇居民共同平等发展，也直接制约着我国城镇化和农业现代化进程。因此，当前我国经济社会发展水平已经有了很大的提升，城市和工业的发展早已超出农村农业的发展，农业支持工业、农村支持城市的政策安排不再符合经济社会发展现实，在当前的政策选择中农民对其土地权利的诉求必须得到平衡的、合理的考量和实现。

改革开放以来，尽管我国农民进城务工经过几次大大小小的波动已经逐渐趋于稳定态势，但是我国城镇化过程在较长一段时间内仍然会以规模庞大的农民工流动方式呈现，经济周期波动和产业布局调整仍将对农民工的流量和流向产生影响。与国家层面的政策选择相对应，农民在市民化过程中如何对待和处置其土地权利，是农民自身在市民化行为中要进行的最重要决定。多个机构和学者针对农民在市民化过程中土地处置意愿的问卷调查结果都显示绝大多数农民不愿意退出土地，调查结果客观上反映了农民对其土地权利的诉求和对土地发展价值的期望。绝大部分农民工希望在进城定居后保留自己的土地权利既印证了土地对农民的重要功能，同时更说明了当前农村土地制度已经滞后，在无法更有效实现土地权能的前提下，先选择保留是最安全但也最无奈的选择。在此种选择下，土地的资源配置效率低下，财产功能无法体现，直接制约着农民增加收入、解决"三农"问题、提高城镇化发展质量、发展现代农业等问题。只有清楚界定和赋予农民合理的土地权利，才有可能从根本上保障广大农民的利益、提高农民收入、解决"三农"问题，对我国未来经济和社会发展有着显著的重要性。

当前学术界对我国农村土地权利制度和农民土地权利体系已经有了很多研究和分析，不同领域的专家学者从多种视角出发，提出了各种改革思路和方向。其中不乏真知灼见，但对农村土地权利体制和农民土地权利的改革方向、实现路径仍有分歧，很多问题仍无定论，有待进一步理论探讨和实践探索。本书旨在立足农民市民化背景，从农民视角出发，分析提出适应当前经济社会发展现状的农民土地权利的合理内涵和改革思路，在此基础上，具化农民对其承包地权利、宅基地权利的诉求，设计提出这些权利诉求的具体实现方式和路径。以此为建立更有效率、更加公平的农民土地权利体系添砖加瓦。

第二节　研究意义

如上所述，随着我国经济快速发展，越来越多的农民进入城市就业和生活，逐步转变为市民。在农民市民化进程中农民的土地权利问题日益凸显出来，简而言之，这些问题可以归结为农民土地权利与农村土地制度的关系、农民土地权利与农村社会发展的关系、农民土地权利和农业经营方式创新的关系。这些问题国内外已有一定研究，由于视角不同、方法不同，研究结论还存在很大差异。在已有研究的基础上，进一步深入研究农民土地权利问题对我国农民发展、农村发展乃至整体经济社会发展都有重要的现实意义。

第一，农民土地权利是农村土地制度的核心。我国农村土地制度是国家的基本经济制度，新中国成立以来，农村土地制度历经数次变迁，变迁的核心就是农民土地权利的变化。我国数次土地制度变迁虽然有社会经济方面的诱致性因素，但是基本上是以政府强制性推动为主，农民对于自己的土地权利始终处于被动弱势地位，或取或予，农民自己的意愿没有得到应有的体现与重视。现行农村土地制度已经不符合当前经济社会发展需求，亟须改革，单纯体现国家意志的改革已不合时宜，改革的重点和导向必须回应农民对土地权利的诉求，围绕农民土地权利展开。

第二，明晰和强化农民土地权利是农民市民化的必要前提。农民实现市民化，一方面要有一定的劳动能力和经营能力，另一方面也需要资金支持，用以解决必要的住房、创业等基本问题。对农民而言，资金来源中很重要的一部分就应该由农村的不动产积累转化而来，包括农民的承包地、宅基地和住房。限于现有的政策框架，农民的土地承包经营权、宅基地使用权和住房所有权很难顺畅地实现财产化，形成财产性收入。从产权角度分析，农民的不动产积累目前更多地体现为实物形态，很难财产化和资本化，必须明确农民土地权利的财产属性和权能，强化和丰富农民土地权利，才能为农民市民化提供必要的资金支持。

第三，保障农民土地权利有利于增加农民财产性收入。"农村、农民、农业"问题是我国农村经济社会长期存在的问题，"三农"问题的核心是农民的收入问题，农民增加收入是解决农业农村中所有问题的关键。改革开放以来，我国城乡居民收入普遍有了提高，但是城乡居民收入差距呈现逐年扩大的趋势也是不争的事实。从1980年到2015年，城镇居民人均可支配收入和农民人均纯收入的相对差距（农民人均纯收入为1）由2.5:1扩大到2.7:1，绝对差额由286元扩大到19773元，扩大近70倍。农民收入水平低、增长慢，城乡居民收入差距大，不仅直接影响农村经济社会的发展，也制约着全国经济的发展。因此，增加农民收入对解决"三农"问题乃至整个经济社会发展全局都具有重要意义。从当前农民收入构成看，家庭经营性收入、工资性收入、转移性收入和财产性收入四个部分中，财产性收入所占比重很低，是增加农民收入最大的潜力所在。强化和丰富农民土地权利有利于增加农民的财产性收入，成为农民增收的新的增长点。

第四，明晰农民土地权利是创新农业经营体系的必要基础。农村改革40年来，在实行以家庭承包经营为基础、统分结合的双层经营体制基础上，我国农业农村发展取得了举世瞩目的成就。但在当前工业化、城镇化快速推进的新形势下，种地主体和种地方式都在逐渐发生变化，创新农业经营体系、发展适度规模经营势在必行。这就必然要求减少土地上的农民，增加种地农民占有的土地。以城镇化减少农民的方式来看，相当一部分农村人口在城镇和农村之间双向流动的候鸟式生活是他们在较长一段时期内的必然选择，改变这种"半城镇化"的现象显然不可能一蹴而就，快速地让农民完全退出土地、进行市民化不可行。依靠城镇化来真正减少农民只能是一个较长时期的渐进过程，显然需要另辟蹊径，使农民实质上退出土地经营，即农民通过流转等各种方式转让出土地经营权。因此，只有明确和强化农户土地承包权能，完善农民同土地的关系，让农民在明确自己权利的情况下放心流转、带着土地进城，如此才能推动农业产业化发展。

第三节　关键概念

一　市民化

在我国，"市民"是一个特殊的概念，是在我国二元户籍制度下，在对城乡居民严格划分中，居住在城镇、不从事农业生产、非农业户口的居民。市民化是针对农民而言的，指农民转变为市民的过程。农民市民化不是简单的户口身份转变，也不是仅指农民到城市去就业居住，它涉及农民群体在生产生活、自我认知、行为方式、社会从属等多方面的转变。土地、就业、社保、住房、教育等各项制度的改革都会对农民的市民化过程产生重大影响，本书重点关注农民土地权利与市民化过程的互动。

二　农村土地

从广义上讲，农村土地是指农村地区的土地，在用途上包括农用地和建设用地，在所有制上包括集体所有的农村土地和国家所有的农村土地。本书所谓的农村土地，主要指农民集体所有、由农民使用的农地和宅基地。

三　土地权利

权利本身是个很大的概念，指法律赋予权利人实现其利益的一种力量。土地权利也是个广义的概念，我国的土地权利一般包含土地所有权、土地使用权和土地他项权利三种类型。土地所有权，在我国又分为国家所有和集体所有两种类型。本书主要针对农民的土地使用权利展开研究。在实际经济运行中，农民的土地权利需要在土地制度

（包括农村土地制度）中进行界定，农民土地权利的性质、内涵、范围、权能也大都通过土地制度安排进行明确，农民土地权利的改造和强化也要通过土地制度改革得以实现。因此，本书在研究农民土地权利时，离不开对土地制度（包括农村土地制度）的分析。

第四节　文献综述

近年来，国内外理论界包括经济学、法学对农村土地制度和农民土地权利进行了多个角度的研究，形成了许多有价值的理论发现。这些研究的切入点不同，分析的方法也有差异，涉及农村土地制度和农民土地权利的多个方面，涵盖了农村土地问题的多层次多方面内容，为笔者进一步深入研究农民土地权利问题提供了有益的思路。相关文献众多，难以穷尽列出所有，笔者在此围绕农民土地权利问题，仅对部分代表性观点和思路进行总结和评述。概括而言，现有文献主要围绕以下几个方面展开研究。

一　重构土地权利的法学框架

理论界较为一致地认为当前农村土地集体所有制存在着一定的制度缺陷。高飞（2011）认为集体土地所有权主体制度存在性质模糊、主体缺位、权能不全三方面的缺陷。基于这些事实，有的学者提出重构农村土地权利的法学框架来解决这些问题。

第一种观点：重塑土地所有权主体。Rozelle（1996）通过分析我国建立土地集体所有制以来的土地权利体系的变化，通过计量方法把我国农村土地权利划分为三个部分分析：土地产权、土地交易、土地使用权，认为中国农村产权（权利制度）对于限制土地产权交易以及对土地产出率都有明显的负影响，影响方式主要是农民自主降低对土地的长远投入，并且对提高土地资源利用效率的积极性不高。Putterman（1995）等人基于"公地悲剧"理论，认为中国农村土地名义上归农民集体所有，但在现实中却是由地方政府实际掌握土地和处分土地。这种土地所有权模式必然导致农村土地资源过度开发与利用，农村集体土地所有权制度必须改造为土地私人所有权制度。只有这样，才有可能抑制农村土地过度利用与开发，才可以保障农村经济长久稳定发展。Franz von Benda-Beckmann（1999）认为中国农村土地权利设计和安排，必须充分考量社会功能、经济功能、环境功能和政治功能四个方面的因素，现有的土地产权制度已经显现出阻碍社会经济发展、环境退化等影响公共利益的倾向。王利明（1998）对比和分析了大陆法系和英美法系的土地权利制度安排和发展趋势，认为应结合我国的经济、政治和法律制度借鉴两种法系的发展方向，以重新塑造明确的农村土地所有权主体并赋予其应有的法律地位为核心来改革我国农村土地所有权制度。刘得宽（2002）认为，我国应当建立以土地利用权为中心的土地权利制度。国外近代土地权利的发展趋势，是基于土地是重要的社会资源的现实，重视土地利用权，减弱土地的绝对所有权能，土地所有权不应影响通过土地利用增加社会效益的需求。土地权利应该有益于实际的利用者，以土地"利用或利用之必要性"来代替"支配性"；同时，"社会性利用"优于"私人性利用"。现代社会土地利益包括土地所有利益、土地资本利益和生存利益等，应该以生存利益为优先。曲福田（1997）提出建立"国家与农民的复合产权"的权利改造理论主张，所谓国家与农民的复合产权主要包括以下含义，一是把国家和农民都设定为农村土地产权的权利主体，共同拥有土地产权，二是对基于土地利益产生的各种权利进行明确赋权和分配，有关对农村土地宏观的调整、改造、处分的权利归国家所有，有关农村土地经营利用、产生财产收益等微观经济方面的权利归农民所有。

第二种观点：以分拆土地权利为核心重构土地权利。沈守愚（2002）认为，土地权利作为不动产物权，是物权制度的重要内容。土地权利应该主要有两方面的重要意义，一个是明确土地所有归属，另一个是明确土地利用方式。因此，他提出应将土地权利分为土地产权和地权，作为我国农村土地制度的核心。所谓土地产权，是指权利人在其权利存在的土地上，为实现其利用土地的目的，分别依法行使其权利时对土地的用益、流转、管理权，并主张以土地产权代替土地所有权。梁慧星（1998）认为，我国应该完全参照大陆法系中土地物权体系来建立我国的土地权利制度，将农村土地所有权界定为自物权，归农民集体所有；将农村土地使用权、邻地利用权、典权等界定为用益物权（他物权），将承包经营权改造为承包地使用权。

第三种观点：在集体所有制框架下进行权利再造。Ostrom（1990）通过研究认为土地集体所有与土地私人所有相比，具有比较优势，如制度成本低、规模经济效益明显、经营风险相对较低等。因此，在一些特定的社会背景和经济条件下，集体土地产权制度有可能产生更为有利的经济绩效和社会效果。黄小虎（2014）认为改变农村土地所有制性质的观点没有建立在考察我国经济社会现实的基础上，当前必须坚持农村集体土地所有制，在这个基础上进一步明确农民权利的具体权能内涵和实现途径应是当前研究和实践探索的方向。高飞（2011）在对改造集体土地所有权主体制度的国有化、私有化和混合所有权等方案的可接受性和可行性考察后认为，在农村集体土地所有制度基础上进行主体再造是当前环境下的唯一合理选择。他提出把农民集体改造成股份合作社，可以对前述缺陷有所改进。集体土地所有权的主体不再缺失，性质也明朗化，即为法人的单独所有权形态，但权能不全的弊端仍然存在。在集体土地股份合作社制度建立后，应以收益权能作为所有权的核心权能，通过股份合作社行使土地所有权，实现土地所有权人的利益最大化，从而使社员分配的股份收益也最大化。韩俊（2009）认为应清楚界定集体所有土地为集体所有成员共同拥有，把土地所有权赋予村民小组而不是行政村村民委员会或乡镇政府，赋予农民永久的完整土地物权。

二　农民对承包地的权利

第一种观点：进一步明确和加强农民的承包地权利。陈锡文、韩俊（2006）认为农民目前实际享有的土地权利仍很不完整也很不明确，应该逐步赋予农民占有、使用、收益和处分四权统一的土地权利，其中处分权应该包括对承包权进行转让、抵押、入股等权能。韩俊（2009）针对农民承包地权利保障，提出应对《农村土地承包法》中允许的土地重新调整予以清晰和明确的限制，允许农地使用权进行抵押，设计和颁发统一的土地证书，健全农村土地登记系统，起草土地登记的监管条例，在土地合同和土地证书中明确妇女的土地权利，制定有关解决土地纠纷仲裁的规章，建立仲裁委员会。

第二种观点：构建多元化的承包地使用制度。姚洋（2000）认为由于我国地域广阔，各地情况不同，以同一种模式改造承包地权利并不符合现实，应当尊重农民的创造和切实需要，探索多元化的承包地使用制度。渠涛（2004）认为应避免"一刀切"的模式来改造承包地使用制度，应提供多种经营方式让农民自主选择。

第三种观点：以多种形式实现农民的承包地权利。刘守英（2003）提出应按照依法、自愿、有偿的原则进行土地承包经营权流转。程郁、张云华、王宾（2014）认为在当前发展现代农业的背景下，新的农业生产者面临更大的生产规模和要求更高的生产条件，需要大量的资金投入，当前的小额贷款和银行支农贷款基于信用担保很难提供如此大额的资金，这些新的农业生产者对承包地抵押贷款政策有着较高的现实需求。针对农村土地产权抵押在现实发展中面临的困难与障碍，他们认为急需修改相关法律以及完善农村土地产权、农村土地管理等制度。项继权、罗峰（2007）认为应建立政府农地回购制度，让农民自主选择有偿退出承包地，以实现土地规模经营。邓大才（2000），钟涨宝、聂建亮（2010）认为应尽快建立承包地退出机制，积极引导农民退出承包地，减少人地矛盾，有利于抑制农民负担上涨，有利于缓解土地撂荒。笔者认为，这种观点注重了农民退出承包地带来的社会公共利益，却忽视了农民土地权利。退地既不是政策目的，也不能解决农村普遍存在的人地矛盾等根本问题，保护农民土地权利，支持经济社会长期稳定发展应是农村土地制度的目的，土地退出、土地流转应当是在明晰农民土地权利的基础上农民自然而然的经济行为。

三 农民对宅基地的权利

第一种观点：重视和加快宅基地立法。韩俊（2009）认为应尽快为农村宅基地立法，现行法律制度的根本性缺失是农村宅基地问题产生的根本原因。宅基地立法的思路应兼顾农村宅基地的财产性与福利性；尊重农民集体的所有者地位；正确处理国家和农民集体的关系，改变集体农民处于"权利虚伪"状态；正确处理国家干预和市场机制的关系，有限度地引进市场机制。立法核心是完善农民的宅基地使用权，渐进式地允许宅基地使用权有限制地买卖、出租与抵押。陈小君、蒋省三（2010）认为我国正在快速变化的经济社会要求宅基地使用的法律建设尽快跟上，回应有关宅基地使用、继承、转让、抵押、退出等农民相关权利问题。立法应以维护农民利益为出发点和落脚点，落实耕地保护等国策，对农地问题进行整体性思考。

第二种观点：以多种方式实现宅基地收益。李文谦、董祚继（2009）认为应该放开对宅基地流转的限制，赋予农民和城市居民类似的自由转让权利，积极支持和引导农村宅基地流转。张云华（2011）认为应区别对待农民房屋所有权与宅基地使用权，赋予农民完整的房屋财产权、充分的所有权和完全的处分权。农民对其房屋可以出租、抵押、入股，也可以自由买卖，实现农民房屋财产权。非本集体的城乡居民或者其他组织买受农村房屋使用宅基地的，可认为其与房屋所在的集体间建立了土地租赁关系，应向集体经济组织交纳宅基地有偿使用费或租赁费。

第三种观点：以引导农民退出宅基地为核心提高宅基地使用效率。袁志刚、解栋栋（2010）认为在市民化进程中，人力资本和土地资本始终应配套，随着农民进入城市，原先分配给农民使用的农村土地资源自然也应进行重新配置。徐绍史（2010）重点关注了土地宏观调控在我国当前调整经济结构和转变经济发展方式中的重要地位，认为合理引导农民退出宅基地，有利于建立和完善我国国土资源的开源节流机制。张秀智、丁锐（2009）研究了经济欠发达地区农民退出宅基地的案例，发现影响农民退出宅基地的因素有宏观和微观之分，宏观因素主要是政府投入和土地集体所有性质，微观因素包括农民自身的能力等。

四 农民土地权利登记

建立健全土地权利登记制度对明确农民土地权利有重要意义。如何在建立农民土地权利登记制度中，实现对农民土地权利的保障，是理论界比较关注的问题。孙宪忠（2001）提出应当建立严格的农村土地登记制度来保护农民土地权利，主张我国立法应该采纳登记要件主义的立法体例，确认和保护农村土地权利。登记要件主义基本的立法意向是建立公平、科学和有序的农村土地市场，建立有序的农村土地承包经营权流转机制，保护善意第三人的合法利益。李存、任大鹏（2011）认为当前实行的土地承包经营权登记制度与其价值目标存在差距，《承包法》规定承包经营权自承包合同生效时取得，特定主体是否拥有该土地的承包经营权是以承包合同为依据的，承包经营权登记不对权利效力产生影响，登记证书法律效力不明确。他们提出登记效力应区分土地承包经营权设立和流转两个阶段，原则上土地承包经营权的设立应当采取登记对抗主义，而土地承包经营权以互换、转让方式流转时，应当采取登记生效主义。韩俊（2009）认为当前土地登记制度存在诸多不确定因素。《农村土地承包法》和有关土地登记注册的原则之间存在着明显冲突。《农村土地承包法》缺乏对土地证书的操作标准的规定，证书不能正确反映《农村土地承包法》有关农民权利的实质内容。应当统一设计土地承包合同和土地证书，其中必须体现《农村土地承包法》的核心条款。

五 农民土地处置意愿和土地权利诉求

龙开胜、陈利根（2011）以实地考察资料为分析对象，分析农民的土地退出意愿，认为农民仍然对土地有着高度的依赖心理，同时，农民土地处置意愿直接影响着土地配置效率的提高。陈霄（2012）建立probit 实证模型，对重庆市 1012 户农民是否愿意退出宅基地的影响因素进行了回归分析。结果表明，农民的年龄和受教育程度等因素对农民宅基地退出意愿有正向影响，工作变换频率等因素对农民宅基地退出意愿有负向影响。赵强军、赵凯（2012）建立 Logistic 模型对陕西杨凌、武功的 214 户农户是否愿意退出宅基地进行了回归分析。结果表明，农户退出宅基地的意愿与户主年龄等因素有明显正向关系。严燕、杨庆媛、张佰林、臧波（2012）选取农户非农就业角度，利用 Logistic 模型，对重庆市农民土地退出意愿进行了分析，样本涉及重庆市 540 户农户和农民工。研究表明，户主年龄对农村土地退出的意愿具有显著负向影响。家庭非农就业人数比等因素对土地退出意愿具有显著正向影响。

综上，实证研究的目标群体不同、研究主体不同、选取区域不同，得出的结论尤其是自变量影响方向也不尽相同。尽管如此，实证研究对于证明农民土地权利诉求具有十分重要的意义，其中某些样本的意义在逐渐深化改革中具有重要的前瞻性。

六 总结和评述

各界专家学者对农民土地权利、农村土地制度、宅基地权利、承包地权利等都进行了大量研究，这些研究对于笔者分析农民土地权利的历史、现状和趋势提供了重要帮助。

目前的研究还存在着一些局限，主要体现在四个方面：第一，以农村土地权利制度和集体土地权利为对象的研究较多，以农民土地权利为主要对象的研究较为少见；第二，现有土地权利构造研究多是从当前着眼，对农民土地权利实现与市民化的长期动态过程联系不够；第三，现有农村土地权利研究对农民的土地权利诉求探讨不够，对改革的重要参与者——农民对制度需求的分析不够深入，相关实证分析的样本不够大，分布范围不够广，实证对象不尽合理，不是以对土地权利变革诉求最为强烈的农民工为对象进行观察；第四，在农民土地权利具体实现途径设计中，由于缺乏对农民土地权利内涵的清晰界定，提出流转、抵押、退出等政策的对象不明确，用益物权、承包权、经营权、使用权等概念的内涵不清晰，影响具体建议的可操作性。

本书将在已有研究的基础上，针对上述局限进行更深入的探索，希望这一工作能够有助于进一步厘清农民土地权利及其改革思路。

第五节　研究目标

总体目标：

总结分析农村土地制度变迁和农民土地权利的演变，深入探讨农民在当前市民化过程中的土地权利现实状态，通过实证分析农民在市民化过程中对其承包地和宅基地的处置意愿及其影响因素重新审视农民对土地权利的新诉求。明确当前农民土地权利的价值取向和权利内涵。在此基础上，分析当前农民土地权利制度改革的内在逻辑，对多种方案进行讨论并提出改革思路，基于所提思路设计农民土地权利的具体实现途径并提出政策建议。

具体目标：

第一，分析我国农村土地制度变迁和农民土地权利权能演变及其动态关系；

第二，深入刻画农民在当前市民化过程中的土地权利现实状态，分析其制度成因；

第三，依据实证方法分析农民在市民化过程中的土地权利诉求及其变化；

第四，明确符合当前经济社会发展阶段的农民土地权利的价值取向和规范性质；

第五，理顺改革逻辑、讨论改革方案、提出改革思路；

第六，对农民的承包地和宅基地权利分别分解和具化，提出反映农民诉求的土地权利具体实现途径。

第六节　研究方法

第一，以辩证唯物主义和历史唯物主义作为最基本的方法论基础。以科学的方法论为基础，用全面的、联系的、发展的观点来研究当前农民土地权利问题。全面就是注意它的系统性，将农民土地权利置于整个经济社会发展和经济体制改革中进行考察；联系就是把农民土地权利问题与农民市民化进程联系起来；发展就是注意事物发展的动态要求，对农民土地权利界定和实现提出的建议要有时代发展的预见性和未来性。

第二，运用多学科的研究方法。综合应用经济学、法学、社会学、计量经济学、统计学等学科理论与方法。农民土地权利是涉及多学科的问题，在研究方法上也必须广泛应用多学科的研究方法。

第三，运用实证分析与规范分析相结合的方法。实证分析主要用于对农民土地权利诉求的研究，规范分析是要回答农民土地权利"应该是什么"的问题。

第四，运用文献分析和实地调查相结合的方法。广泛阅读国内外关于土地制度、农民土地权利、承包地、宅基地等方面的理论和实证文献，深入理解农民土地权利的历史背景和理论前沿。同时紧密关注国内各地农民土地权利实现的实践探索。

第七节　主要创新之处

第一，研究视角的独特性。一是本书不同于大多数现有文献以农村土地权利制度和集体土地权利为对象，笔者将农民的土地权利确定为研究主题，这是分析我国当前土地制度改革、农村改革以及经济社会可持续发展中的大多数议题的必要视角，将为现有研究补充新的思路。二是笔者把对农民土地权利的研究放在市民化过程中进行，农民市民化既是动态发生的，也将持续很长一段时期。在长期的动态的市民化过程中，农民与土地始终处于既结合又分离的状态，农民土地权利的实现都将在这一过程中体现，农民土地权利的实现情况还反过来直接影响着这一过程的进行。本书把对农民土地权利的分析放在农民市民化的动态进程中进行，可以更好地观察对制度动态的需求，有利于展开更有针对性的分析，提出有未来性的政策建议。

第二，诉求分析的实证性。诉求分析的实证性，对农民的诉求分析不只借助案头分析，更重要的是借助了实证方法，更有说服力。笔者选取进城打工的农民工为行为观察对象，通过实证分析讨论农民在市民化过程中的土地权利诉求及其变化。与现有同类实证分析相比，本书中实证研究覆盖更广地域、涉及更多样本、区分宅基地和承包地、把农民工作为目标群体，并且尝试归纳、审视在农民市民化过程中农民对土地权利的诉求及变化。

第三，结论建议的现实性。农民土地权利与当前土地制度改革、农村改革以及经济社会可持续发展中的大多数议题紧密相关。明确界定和赋予农民应有的土地权利及其实现形式，是当前完善土地制度的一项最基础性的工作。清楚界定农民的土地权利，对于从根本上保障广大农民的利益、提高农民收入、解决"三农"问题，进而推进城镇化和农民市民化进程，具有高度的现实性。本书不仅提出构建"三权分置"的农村土地权利制度的理论框架，明确农民在其中的土地权利及内涵，而且在此基础上，以"三权分置"为原则对农民的承包经营权和宅基地使用权分别进行权利分解，结合当前农民现实诉求，设计农民土地权利的具体实现途径的政策建议。综上，本书旨在构建符合当前经济社会发展现状、反映农民发展需求的土地权利理论分析框架和实践探索政策框架，具有较强的理论意义和现实意义。

第二章　我国农村土地制度变迁与农民土地权利演变

第一节　农村土地制度与农民土地权利之关系简析

在现代经济体系中，经济制度的核心是产权被如何界定并得以实现，从微观来看，产权直接影响甚至主宰着某个经济主体的利益，从宏观来看，产权决定着整个经济体系的运行和发展。而产权制度是对各种产权及产权间关系的具体安排，通过这种安排影响各种产权发挥作用的范围和大小，进而在经济活动中对相关的产权主体分别形成影响，最后传导为对整体经济运行效率的作用。农民土地产权也不例外，我国农村土地产权和农村土地产权制度是我国经济制度体系中的重要组成部分，是我国农村经济制度的核心，而农民土地权利又是核心中的核心，所有的农村土地制度的变革、变迁及其绩效最后都要靠反映在农民土地权利上的变化、演变来发生作用。

一　农村土地权利：以"土地收益权"为核心

产权是经济所有关系的法律表现，具体来看，指的是权利主体对特定客体的多种权利，包括了所有权、占有权、使用权、收益权等多类权利，具体到某一个例中，产权包括的权利又有不同变化，可以说产权是主体对客体一揽子权利的总成，即产权其实是一个"权利束"。农村土地产权不仅不例外，反而更加直接和生动地体现了产权作为"权利束"的具体表现，因为农村土地产权直接就表现为一个复合的概念，这个"权利束"可以细分为对农村土地的所用权、占有权、使用权、处分权以及收益权等多项权利，根据经济运行效率和社会发展需要，这些细分的权利可以由不同主体所拥有，因此可以说农村土地产权实际上就是由不同主体拥有的对农村土地的权利组成的集合，也就是"权利束"。而长期以来，无论是在经济学界还是法学界，大都认为所有权是产权的核心，即所有权是母权，其他因此派生的权利是其子权。但笔者却认为，产权权利束中最为重要的当属收益权，收益权是其他所有权能的归属，各种权利最终都是为了实现收益。在现实经济生活中，之所以通过各类制度和法律强调认真界定产权各项权能及产权之间的关系，其核心原因就在于各产权权能都与收益相对应，产权权能的界定直接影响并主张着相应收益、各类产权之间关系的安排也直接影响着收益的调整。也正是因为有了收益权能的存在，各种权能包括狭义所有权在内的归属才有了存在的意义。即便是狭义的所有权，如果它无法对应着一定的收益，那么对它的拥有也会显得没有任何意义。就农村土地权利来看，虽然农村土地产权被界定为一个完整的产权权利束，但在城镇化、工业发展带来的大量农民大规模流动和农业适度规模经营的背景下，为实现农村土地利用效率和收益率的最大化，在实际的经济活动中人们就需要将土地产权权能进行分离，土地产权权能的分离对土地产权的清晰界定提出了要求。因此笔者认为，产权的真正核心应当是收益权，农村土地产权的根本实质就在于各项产权权能对应的收益，对我国农村土地产权的历史和现实的分析更需要坚持这一判断。我国土地权利分离带来的效率的提高和社会福利的增加，首先表现在第一次分离——农村土地所有权与使用权的分离上，家庭承包制产生的巨大积极作用已经充分证明了这一点，下文将对此进行详细分析。

二 农村土地制度：以在各利益主体间建立合理土地收益分配关系为目的

农村土地制度是指通过农村土地的生产、分配、交换、消费等各个环节所形成的土地收益分配关系，这个收益分配关系体现为法律法规、政策规范及管理结构上的制度化的集合，由于其直接关系着依存于土地的农业生产以及农村经济社会的发展，因而更是农村经济制度甚至国家整体经济制度的重要基础。我们讨论的农村土地产权制度，就是产权制度在农村土地资源上的具体应用，是构建农村土地产权结构和产权关系的制度安排，是调整人与人之间因农村土地的利用而发生的取得、行使、收益和处分等经济关系的规则的总称。具体来说，我国农村土地制度存在的首要意义就是通过建立在稀缺的农村土地资源上所有各类权利的界定、规范，明晰农村土地的经营者、利用者及所有者等不同利益主体的利益分配关系，从而产生经营农村土地的主动性、积极性和创造性，提高农村土地资源的利用效率。因此可以说，农村土地制度的安排直接关系到农民土地权利的权能以及农村土地资源配置的效率，而合理的农村土地制度对激励农民生产积极性、实现农村土地资源合理配置及减少人们在复杂交易环境中的费用支出都起着决定性的作用。这具体表现为：

（1）行为激励功能。农村土地制度的关键是农村土地权利在不同主体间的分配。在不同的农村土地制度下，各利益主体会出于对自身利益的不同追求而做出不同的行为选择。农村土地制度的最基本功能就是通过其内部激励机制来诱导主体在农业经济活动上的行为决策，并通过这些决策来影响整个社会的农业绩效。事实证明，稳定、明晰的农村土地制度有助于使从事农业生产活动的各利益主体对其农业经营活动形成稳定、合理的预期，进而调动其积极性，对其产生更有效利用农村土地资源的激励机制。

（2）行为约束功能。即边界明确、产权明晰的农村土地制度能对经济当事人的行为产生约束作用。法律充分保障的农村土地制度可通过对产权的合理界定和保护，最大限度地降低农业活动中的交易费用，提高农业发展绩效。

（3）外部交易功能。由于土地的不可移动属性，关于土地的交易都必然要求通过建立于土地上的权利作为交易载体，而且当土地资源的利用存在外部性时，通过对产权的构造和安排可以使这些外部性实现内在化，纠正外部性的效率偏差，得以提高土地资源的利用效率。生产要素的合理流动是实现资源优化配置的基本途径。土地作为社会最基本的生产要素，面对经济发展的要求，必须不断流动以实现优化配置。不同的农村土地制度会产生不同的资源配置机制，从而带来不同的资源配置效率。

总之，稀缺的农村土地资源是广大农民经济利益的重要载体和手段，以农村土地资源的产权设置为基础的农村土地制度安排直接关系到农民在农业生产中的地位及利益分配的程度，这就决定着农民的生产积极性，决定着农业资源配置的效率，决定着农民农业生产的投入，从而从根本上决定着整个社会的农业经济发展乃至国家经济发展。而农村土地产权总是置于整体经济社会的制度结构中，经济社会的不断发展和动态变化就要求新的制度安排来确定产权及产权之间的关系。本章将重点从历史角度梳理分析在各个经济社会历史阶段我国农村土地制度变迁与农民土地权利的演变，并为当前制度变迁提供借鉴和思路。

第二节　我国农村土地制度的历史变迁和经济绩效分析

土地问题是中国历史上的大问题。中国历史上的土地问题有两个明显特点，一个是土地的兼并趋势，一个是土地的平均改革。王朝更迭，政权转移，无不与土地问题有关。土地兼并到一定程度，无地农民、少地农民无以为生，揭竿而起，提出的口号无一例外都是分田地、实现耕者有其田。新王朝建立,农民有了一定的土地,社会得以稳定。稳定之后又是兼并,兼并到一定程度,又开始新的轮回。近代民主革命先驱孙中山提出的"三民主义",其中民生主义的要义之一就是"平均地权"。中国共产党建立以来,进行了四次战争,时间最长的第二次国内革命战争就叫作土地革命战争。中国革命推翻封建主义,而封建主义的重要内容就是土地地主所有制。历史证明,中国社会的问题主要是农民问题,农民问题最主要的就是土地问题。

中国共产党建立以来一贯重视土地问题和农民的土地权利问题,在各个历史阶段进行了多种探索与尝试。解放战争后期在解放区开始的"土地改革",开启了我国土地制度改革的新纪元。从土地改革到现行的农户土地承包制度,我国土地制度经过了四次大的变迁,农民的土地权利也在这四次制度变迁中发生了很大变化。

一 土地改革运动:农民获得完整的土地所有权和住房所有权

1946年后半年,土改首先从晋绥根据地开始,紧接着在全国各个根据地展开。土改运动没收了地主的土地,并把这些土地平均分给原来租地耕作的农民。到1947年9月在已经解放的地区有2/3以上的区域开始或者完成了土地改革。在大面积推进的基础上,中央发布了《中国土地法大纲》,土地改革随着解放步伐扩展到全国。在土地改革中没收地主、富农的土地分配给农民耕种,废除了旧的土地所有形式,并且通过给农民颁证确权,将农村土地所有权及地上住房所有权完全归于农民个人。从历史角度看,土改运动模式本质上仍然是历史上多次出现的平均地权,虽然改变了土地少数人所有,但是并没有改变土地个人私用。这样的结果是对当时革命形势发展的适应,激发了广大农民参加革命的热情,推动了全国解放的进度。

新中国成立之后,国家通过多项法令对土地改革政策予以规范、深化和细化。其中最核心的内容就是重申和肯定农民对于土地的完整所有权。已经完成土改的地区要保护好农民已经获得的土地所有权,还没有进行或者正在进行土地改革的地区也要快速完成土地改革。正是由于农民在土改运动中获得了土地所有权，土地改革时期取得了前所未有的经济绩效。在土改运动中有 3 亿多农民获得了土地，农民的生产积极性大幅度提高。1949 年粮食产量是 11318 万吨，到 1952 年，就迅速增加到 16392 万吨，年增长速度为 13.1%。1949 年棉花产量是 44 万吨，到 1952 年更是有了大飞跃，产量达到 130 万吨，年增长速度为 43.5%。① 连续大幅增产的动力源就是土地改革。

特别要指出的是这轮土地改革尽管时间短，但是随着土改进行，各地以县级政府名义给每一户农民颁发了《土地证》，《土地证》明确规定了土地和房产归农户个人所有。《土地证》由两部分构成，一是土地，包括地块位置、数量；二是房产，包括位置、数量、四至、出路、水路等。对农民而言，土地改革的成果是《土地证》，土地证的核心是土地、房产归农民私人所有。综上，农民在土地改革中取得了完全的土地所有权，农民对自己的土地既可以占有、使用、收益，又可以处分。

二　合作化运动：农民的土地权利逐步弱化

全国土地改革完成之后，农民还沉浸在拥有土地的喜悦之中，发家致富催动的生产热情迅速高涨，国家开始了农业合作化。合作化运动有两个阶段。一是从 1953 年到 1955 年夏的初级社阶段，二是自 1955 年夏至 1957 年的高级社阶段。初级社全名是初级农业生产合作社，初级社有两个特征，一是规模不大，几户、十几户、几十户农民在互助组的基础上组成一个农业社。通常情况下，一个村庄有两个以上的合作社。二是土地所有权仍然属于农户，农户把土地交给初级社统一经营，农民按土地股份分红。同时参加农业社的社员可以保留小块自留土地。因为初级社主要以土地入股分红，所以又被称为"土地

---

① 数据来自于三农数据网（http：//www. sannong. gov. cn/v1/tjsj/lssj/1/default. htm），2015 年 2 月 2 日。

合作社"。初级社阶段农户土地权利可以归纳为"农户所有，合作经营，集体劳动，入股分红"。简而言之就是"私人所有，集体经营"。初级社正如火如荼进行，1955 年又开始了高级社运动。高级社在初级社基础上迅速在全国推开，不到两年时间，在全国广大农村就普遍实现了高级农业合作社模式。高级社与初级社比较有四个特征。一是土地入社。理论上，农户土地、耕畜、农具入社是作价折股入社，实际上作价折股是虚化的，农户并没有从中得到任何收益。二是大集体经营。高级社比初级社规模更大，往往以农村社区为单位实行"一村一社"。在高级社内部实行生产队体制，农民在高级社中的角色就是劳动者，习惯上称作"劳力"（有男、女，全、半劳力之分）。三是农民的自留地由农民自己经营，主要用来种植蔬菜等作物，补充农户家庭生活需要。四是农业生产所有负担由高级社统一负责，农户与土地经营收益实际上没有多少关系了。总而言之，农户在土地改革中得到的土地权利在合作化运动中又一次全部失去。

三 人民公社化运动：农民对土地权利的概念淡化甚至消亡

在农业合作化运动还在推进之时，1958 年夏天，"人民公社运动"得到领导层的高度认可，开始迅速大规模开展。虽然人民公社产生有一定的诱致因素，但是毫无疑问，人民公社是建立在空想社会主义基础上以苏联集体农庄为参照的政治经济体制。在人民公社新体制下，农民个人所有财产通过合作社直接转为人民公社所有，农民千百年来的个体生产经营身份转变为人民公社社员，社员身份本质是劳动力。人民公社实际上成为集基层党政政权、农林牧渔生产、工业交通商业、卫生文化教育等多项功能于一体的高度集中的组织。在这个组织中不仅生产集体化，生活也在一定时期内实行集体化。人民公社运动在高层推动、基层冒进双重动力推动下，迅速推向全国，很短时期内，我国农村实现了以人民公社为唯一形式的"社会主义"。人民公社的特点有两个，即一大二公。大就是包罗万象、包含一切，公就是取消一切形式的私有，实现完全的公有。人民公社的土地制度在延续合作社制度的基础上，形成更严格的以生产队为载体的公社集体所有土地制度。人民公社化过程中，不仅原来已经收归农业合作社的耕地收归公社，原来属于农民自己的自留地、坟墓地、宅基地连同耕畜、农具也收归公社。公社统一规划、统一生产、统一管理，生产队"劳力"按照安排参加劳动，分配采取"按劳分配"的办法，劳力出工记工分，秋后根据公社、生产队收益计算工分价值，按照工分获得的货币价值获取生产队的口粮等生活物资。从1958年第一个人民公社建立到1984年撤销人民公社建立乡人民政府，人民公社存在了26年。26年可以分为三个阶段。第一阶段是发生、发展、整顿、完善阶段。这一阶段人民公社制度从"一大二公""一平、二调、三收款""三级管理、三级核算"运动状态逐渐理性化、定型化。第二阶段是平稳进行阶段。从1962年"人民公社六十条"颁布实施到1978年共16年时间，仅从人民公社制度而言，这一阶段可以认为是平稳进行的。土地所有关系，生产组织经营体系，劳动者权利、权益等方面几乎没有什么变化。即使在"文化大革命"中，公社、生产大队、生产队除在名称上加上"革命委员会"之外，生产经营格局基本没有变化。第三阶段是变革阶段。1978年底，我国召开了党的十一届三中全会，会议"改革开放"的决策，直接启动了农村改革。农村改革以实行联产承包责任制为主要模式，作为"政社合一"的政权组织，人民公社组织领导推行了农村联产承包责任制之后，1984年，随着全国农村基本完成联产承包责任制改革，人民公社被撤销，代之以乡人民政府。人民公社土地制度是比合作社更严格的土地公有制，农民在这种制度框架内基本上没有所谓的土地权利。合作社阶段农民心理上存在的土地权利概念，在人民公社时期更加淡化，直至消亡，农民的生产积极性降至最低。

从初级社开始到联产承包责任制实施，26年时间人民公社总体的经济绩效不高，农业生产发展速度非常低。这一制度变迁后的经济绩效，根据林毅夫估算，1952—1978 年，我国农业年均增长率仅仅为 2.9% 左右，处于非常低的水平。

四 土地承包经营制度：农民开始享有土地使用权利

"文化大革命"结束后，我国政治经济形式发生了一些变化，一些沿用多年的强制性政策开始松动。到了 1978 年，终于发生了两件影响深远的事情，一是中国共产党的十一届三中全会，这次全会以解放思想和改革开放为特点载入历史，实际上奠定了农村改革的政策基础。二是安徽凤阳小岗村实行土地包干经营。党的十一届三中全会定政策，底层农民创造典型，政策加典型，在中国特色的推进模式中，联产承包责任制在中国农村迅速成长。

1978 年农民还在观望，1979 年就有了实质性的进展，一些边远的山区农村实行了包产到户，但是大面积的地区仍在实行集体经营。到 1980 年，在国家政策干预下，土地承包责任制才突破长期形成的思想牢笼和政策框框迅速发展开来。据统计，到 1982 年全国农村建立生产责任制的生产队已经达到 98%，承包责任制已经成为我国农业生产的主要形式。1984 年国家决定取消人民公社，其政权部分由新建立的乡政府接替，其生产部分自然消亡。农村已经实行的联产承包责任制取代了人民公社——生产队体制，成为农村主要的生产体制。农村土地承包经营责任制突破了土地集体所有集体经营的限制，赋予农民实实在在的土地经营权、使用权，又一次极大地激发了农民的生产经营积极性。这一制度变迁的绩效是多重的。单纯从经济绩效来看，根据林毅夫的估算，1978—1984 年农业年均增长率为 7.7%。他用生产函数法和供给函数法进行了估计，家庭农作制度的改革在 1978—1984 年间对农业增长的贡献度分别为 19.80% 和 17.82%。从制度经济学角度来看，实现制度供给和农民诉求高度契合的家庭责任承包制对我国农村经济、国民经济长久发展都起到了不可替代的重要作用。

第三节　农村土地承包经营制度演变及农民承包地权利变化

一　农村土地承包经营制度的发展

从 1979 年开始，我国农村普遍实行以农户承包经营土地为主要内容的承包经营责任制。联产承包责任制也逐渐得到了国家的确认与肯定。联产承包责任制从农民自发创造，到国家推行，最终成为我国农村主要的生产经营模式，土地承包制赋予了农民土地经营权、使用权和收益权。随着我国经济社会发展和改革开放不断推进深化，我国农村的联产承包责任制也在不断地发展提高、深化完善。概括而言，以发展的角度分析，1980 年到现在，农村土地承包经营制度可以分为三个阶段。

（一）1980 年至 1992 年：快速发展期

1980 年至 1992 年是农村土地承包经营责任制快速发展时期，主要体现在以下四个方面。一是承包经营责任制由点到面迅速在全国范围得到广泛认可。1978 年、1979 年全国仅有少数边远山区农村实行有限的生产责任制，1980 年在国家推动下全国农村迅速推行承包经营责任制，用了不到两年时间，全国 98% 的农村生产队实行了土地承包经营责任制。随着人民公社解体，土地所有权归农民集体所有，农民集体正式成为农村土地所有权主体。二是承包期限得到稳定和规范，承包经营权得到强化。土地承包经营责任制最初的承包经营期限没有统一模式，国家也没有统一规范。随着责任制普遍推行，土地承包期限逐步规范。1984 年之后普遍实行了 15 年承包期。这是国家层面为了稳定联产承包责任制第一次提出规范性要求。延长并定量农村土地联产承包期对于稳定联产承包责任制度、提升农民获益预期、提高农民土地投入积极性具有非常重要的意义，亿万农民的土地权利第一次有了时限保障。承包期延长，农民的承包经营权也进一步强化，承包经营权包括了占有权、使用权、收益权。农民对于土地权利的逐渐强化、延伸奠定了农村土地承包经营责任制的基石。三是农民经营土地积极性持续高涨，农业生产增长速度稳步提高。长期的承包期限，稳定可靠的承包权利提升了农民的收益预期，持续稳定地提高了农民对于土地的投入和农业生产的积极性，从20世纪80年代粮食产量开始呈现持续增长趋势，既解决了农民自己的吃饭问题，也解决了长期困扰国家的粮食问题。粮食产量持续提高有农业科技快速发展的因素，但是最主要的还是农村土地承包经营责任制的制度因素。四是国家相关政策进一步规范和完善。在稳定规范农村土地承包经营责任制基础上国家相关政策也在逐步规范和完善。取消了粮食等主要农产品统购派购政策，长期实行的农民种地负担逐步减弱。同时国家还对优化农村产业结构、发展多种经营等有利于农村经济社会持续发展予以明确政策支持。总而言之，这一时期，农村土地承包经营责任制在多维条件驱动下快速发展。正因为此，我国粮食产量明显提高，到1994年全国粮食总产量达到4500亿公斤。粮食产量大幅度提高，也印证了农户联产承包经营制度的合理性。农村实行联产承包制度取得了里程碑性的成功。1988年4月的《宪法》修正案明确，土地的使用权可以依照法律规定转让。这一修正，延伸了农民的承包权利，在原有的占有权、使用权、收益权基础上再加上使用权的转让权，丰富了农村土地政策的内涵，强化了农民的承包地权利。

（二）1993年至1999年：逐步深化期

20世纪90年代，我国改革不断深化，对外开放也在不断扩大，以加入世贸组织为标志，我国初步建立了社会主义市场经济体制。在这样的背景下我国农村经济发展又一次进入新高潮。这一时期，农村土地承包经营制度具有三个显著特点：一是不变，二是延长，三是规范。不变就是坚持土地承包经营责任制基本政策不改变。国家以多种法律法规、重要文件、领导讲话等形式多次申明，稳定农村土地承包经营制是我国的基本政策，不能动摇。1993 年，第八届人大宪法修正案把家庭承包经营制度明确写入《宪法》，使其成为一项基本国家经济制度，高度保障了家庭联产承包经营制度的发展完善，使农民对于农村土地的权利上升为宪法权利。"延长"就是延长承包期。如前所述，1979 年至 1984 年承包期没有具体规范。1984 年，国家明确规定农村土地承包期不少于 15 年，这是第一轮承包。如果从 80 年代初期承包制度开始算起，到 90 年代中期开始第一轮承包期先后到期。为了稳定承包责任制，从 1997 年开始，国家以政策和法律形式进一步把农户土地承包经营期明确再延长 30 年。第一轮承包到期之后，紧接着实施第二轮承包。一般而言，第二轮承包从 1998 年开始，到 1999 年基本完成，在全国范围内农村土地承包期限延长为 30 年。第一轮承包主要是政策规范，第二轮承包已经上升为法律规范，农民土地承包经营期限上升为法律权利，承包权利进一步得到了强化。"规范"就是针对土地承包经营制度在落实过程中出现的问题进行规范，比如承包期中调整土地的随意性，个别地方的"两田制""机动地"过多，村干部权力滥用等。通过规范承包行为、调整不合理的做法，确实保障了农民土地承包权益。这一时期，通过土地承包制度的不变、延长和规范，农民承包地权利得到进一步明确。

（三）2000 年至今：法制化期

2000 年，我国第一次从国家层面正式提出农村土地制度法制化的目标。在这一总体目标框架下，国家围绕农村土地承包经营制度制定和修改了一系列法律法规，包括《宪法》《土地管理法》《农村土地承包法》《物权法》《农村土地承包经营权流转管理办法》等，因此可以认为这一时期是我国农村土地承包经营制度的法制化期。归纳起来，农村土地制度法制建设主要有以下几点成果。第一，进一步明确农村土地的集体所有性质。第二，规范农村土地承包经营责任制，包括承包主体客体、承包方式程序、承包双方权利义务等内容。

第三，规范承包经营权登记与流转。这些法律规范对于保障农民承包地权利具有十分重要的现实意义。这些法律和国家相关的法规、决定、政策，形成了我国农村土地承包经营制度的法律框架。

二 农民土地承包经营权能的演变

权能就是法律给予权利的职能，包括权利要素、内容和实现形式。农民土地承包经营权能就是农民依法获得的承包地权利以及承包地权利的具体内容、实现方式和最终利益获取方式，包括农民对承包地的占有权能、使用权能、收益权能和处分权能。我国农村实行土地联产承包责任制以来，制度经过了稳定发展、逐步深化和法制化三个阶段，制度内涵不断深化，外延不断扩充，农民的承包地权利权能在制度变迁中也在不断改善提升。

（一）占有权：期限不断延长，方式趋于多元

占有权是指对具体事物的占有和控制权利。农民通过土地联产承包责任制取得了对土地的事实控制，在这种特定条件下，农民的土地权能包含了占有权。农民通过真正确实的占有权能，有效地行使了使用、收益等其他权能。

第一，农民土地占有期限从不确定到确定、从短期到长期。农村改革之初的 1979 年至 1983 年，全国在各地推行联产承包责任制时间有先有后，承包形式、承包限制条件多种多样，农民承包土地期限一般是不确定的，农民对于土地的承包很难形成预期。1984 年国家政策明确规定土地承包期限应该在 15 年以上，所以第一轮承包期限确定为 15 年。15 年承包期的设定使农民对土地权利有了较高预期。如果从 1984 年算起，到 20 世纪 90 年代中后期，农民第一轮承包合同期限开始逐渐到期。国家为了稳定农村土地承包责任制又以政策和法律形式拓展了土地承包期，农民承包土地在原来 15 年到期后再延长 30 年。1997 年至 1998 年以 30 年承包期为标志的第二轮承包基本完成。比较第一轮 15 年承包期，第二轮 30 年承包

期不仅在期限上增加了，更为重要的是上升为法律规定。第二轮30年承包期大大提高了农民对土地收益的预期，对于稳定农村基本经济制度、基本土地制度具有重要意义。中共中央十七届三中全会又进一步把农村土地承包期表述为长久不变，赋予农民土地承包经营权更加稳定的占有权能。

第二，农民土地占有的取得方式由单一拓展至多元。农民对土地的实际占有在改革之初是从承包经营责任制开始的，实际上是农民以农村集体经济组织成员身份通过承包方式取得的，取得方式几乎是唯一的。随着农村经济社会的发展，农村劳动力结构开始变化、大量劳动力外出打工经商，一些外出农民把土地以代耕、代管、互换等方式交由在村农民经营管理。一些农民由此获得了承包之外取得土地经营权的其他渠道。20世纪80年代后期国家制定相关政策放松了对集体土地的使用权处分的管制，有限度地允许土地使用权依法转让。这样，农民又有了通过受让土地使用权获得土地经营权的渠道。在如此逐渐演变过程中优化了土地资源配置，也拓展了农民土地占有的方式，也就是说，农民土地占有方式由单一、唯一拓展到丰富、多元。

（二）使用权：限制性逐渐减少，自主性不断增强，使用模式更加丰富多样

使用权就是对物进行利用的权利。使用权既可以由所有人行使，也可以依法律、政策或所有人意愿转移给他人行使。我国农民土地使用权通过承包土地取得，是农民依法利用土地的基本权利。

第一，农民土地使用权能变化的显著特征是限制性条件逐渐减少，农民自主权能不断增强。农村改革开始阶段，各地普遍推行联产承包责任制，但是并没有统一的规范模式，农户联产承包责任制内涵并不完全相同。有包干到户的，有包产到户的，有联产计酬的，有的甚至对种植计划、品种等都有规定。农民从承包责任制中得到的土地使用权在实际使用中受到不同程度的限制。这种情况与农民

市场主体地位很不适应。1984 年开始国家取消了粮食统购统销政策，对农业税进行了改革，对乡村提留进行了规范，农民土地使用权能不断地得以增强。一些地方干涉农民土地使用权的现象得到遏止。取消粮食统购派购、农业税和乡村提留等义务，附加在土地上的负担也基本消亡，农民自主经营土地权能不断增强。随着农村经济结构调整和市场经济秩序的初步建立，农民作为市场经济独立主体地位凸显出来，农民对于土地自主使用权能得以逐渐强化。农民不仅可以自己决策土地生产经营，也可以排除来自发包方等其他主体对于承包经营权的干涉。这些转变通过国家政策法律予以强化和固化，成为农民基本的土地权利。

第二，农户土地使用模式在很长一段时间内是比较单一的，使用权能也没有得以充分体现。随着农村经济社会的发展，随着我国市场经济体制的逐步建立，随着城镇化、工业化的迅速发展，随着新型农业科技的推广使用，农业的市场越来越大，规模效益越来越突出，以农户承包经营为主要形式的农业生产逐渐难以适应大市场和规模经营的双重要求。针对这种情况各地进行了多种探索，取得了一定的成效。在各地试验基础上，国家于 2005 年发布了《农村土地承包经营权流转管理办法》，对农民转让承包经营权相关事项和具体程序进行了全面规范，明确流转方式可以有多种形式，如土地流转、转包、互换、转让等。通过土地流转，农户土地使用权能得以扩充，单一的使用模式被更多的其他模式扩充、替代。农户联合、农户合作、农村合作社、农业产业化经营等模式成为农民使用土地模式的基本趋势，市场经济条件下农民土地承包经营权使用权能得到更大扩充。

（三）收益权：从多个收益分配方到单个收益享受方

土地收益权能是基于土地使用而获取利益的权能。农民对土地承包经营、占有、使用，最终目的就是获取利益。我国农民在土地联产承包责任制实行以来，土地的收益权能经过了一个由不完全收益到比较完全收益的过程。很长一段时间内，农户承包土地，其收益并不能完全获取，需要从土地收益中拿出一部分缴纳各种税费。这些税费主要有：农业税、统购粮、提留款、折价义务工、折价积累工等。这些税费在农户土地收入中比例很高，直接影响了农民收入的提高，也影响着农民投入的积极性。随着农村土地承包制度不断完善，农民土地收益权能也发生了相应的变化。

农业税在中国历史上叫作田赋，新中国成立之后从1958年开始征收。我国的农业税一般以实物征缴，习惯上又叫作"公粮"。集体经营时期公粮由集体负责缴纳，农村实行联产承包责任制以后，农业税依然存在，农业税由农民个户缴纳。当时的说法是"交够国家的"，指的就是农业税。2004年，国家开始减征和免征农业税，到2005年底国家最终取消了农业税，中国农民告别了缴纳农业税的历史。

统购粮是计划经济时期国家统购统销政策的一个重要内容。统购就是农民把粮食卖给国家，卖给国家的粮食就是统购粮。城市需要的粮食由国家统一卖出，这叫统销。这一政策下，粮食是禁止自由买卖的。农村虽然进行了土地承包经营的改革，但是国家整体上还在计划经济体制的框架内运行，所以尽管农村实行了农民承包经营责任制，但是国家的统购统销政策还在继续运行，农民要按照规定数量交售统购粮食。随着农业增产、粮食增收，到1992年，全国大多数地方放开了粮食价格，粮食统购统销才最终被粮食自由贸易取代，农民在这一变革中得到了更大的粮食自主经营权。

提留款是农民在国家税收之外向政府和村集体缴纳的费用，包括"三提留"和"五统筹"。提留款名目虽多，用途却主要是乡级和村级组织的管理费用。提留款是将原有集体经营制度下的集体提留转移给承包土地的农民，统筹款是将人民公社制度下统一核算时期的项目转移给承包土地的农民。因为提留款和统筹款都是附着在土地上的收费，而这些费用要从农民土地收益中划分出来，实际上是对农民土地权能的侵害。提留款在征收过程中的各种不规范行为往往诱致村集体与乡政府的矛盾、农民与干部的矛盾。"三提留""五统筹"的不合理性早已为人们认识，到 2002 年前后，全国大部分地方取消了提留款。农民免除了这部分负担，获得了自己的权益。

国家没有义务工、积累工规定，但是农民在很长时间内确实存在这样的负担。大部分地方，义务工以劳力或者地亩计算，以当地社会劳力价值计算征收。义务工、积累工实际上是对农民收益的无偿剥夺。义务工、积累工的取消时间各地并不统一，但是到 20 世纪 90 年代中期，各地基本上已经取消。

（四）对承包经营权的处分权：承包经营权从不可流转向有限制流转转变，抵押担保权能受限

处分权是所有权的主要体现形式，是所有权的核心。我国农村农户土地承包经营责任制突出的贡献，是在土地集体所有权没有改变的条件下农民取得了经营权。必须指出的是，从现在法理和现实而言，土地集体所有权是宪法和相关法律三令五申规定的，土地所有权的处分也只能在集体所有层面才可以实现（比如征用），农民作为土地承包经营者是没有权利直接处分土地的。所以此处讨论的处分权能是指对农民土地承包经营权的处分权，而不是对承包地的处分权。农村土地承包经营责任制发展 30 多年，制度本身发生了很大变化。一个变化就是承包经营权能不断地扩充明晰，占有权、使用权、收益权更加丰富和充实。另一个变化就是农民的土地承包经营权从不可处分到可以有限制地处分，一次又一次突破了最初的土地承包经营责任制度规范。承包经营责任制实行之初，承包土地是不可以转让的，即使转让也只能无偿转让。十年之后进入 20 世纪 90 年代，承包土地经营权转让有所松动，允许在依法、自愿、有偿的前提条件下流转承包地，强调农户流转主体地位。随着农业经营规模越来越大和农业人口的逐年减少，承包土地的流转已经成为必然的选择，国家开始鼓励承包地的流转和规模经营。

尽管国家同意并鼓励流转，但是抵押担保权能却一直没有赋予农

民，限制了农民通过抵押承包经营权扩大生产的需要，不利于我国农业的发展。

综合以上分析，可以清楚地看到农村土地承包经营责任制及农民承包经营权的变化过程。这个过程至少有三点值得重视。第一，农民土地承包经营期限从不确定到逐渐延长再到长久不变，农民承包经营权更加稳定和安全可靠。第二，农民土地承包经营权从单一唯一占有发展为更加多样化。第三，土地承包经营权能更加合理，内涵更加丰富。农民对土地较为充分的占有、使用、收益权能和部分处分权能，有利于农民通过实现其承包地权利获得更多财产收入。随着国家经济社会发展，农民土地承包权权利价值和土地资源价值必然会大幅度提高，农民的承包地权利也必须得到更为充分的体现。

第四节　农村宅基地制度演变及农民宅基地权利特征

一　我国农村宅基地制度的演变

农村宅基地是农民用于建造房屋的土地，农村宅基地制度指农村宅基地产权制度与管理制度，表现形式是与农村宅基地相关的法律法规及政策。宅基地既是农民的居所所在，也是农民关于土地最基本和最重要的权利。

（一）1949—1962 年：宅基地所有权属于农民私有

土改完成后，每个农民拥有了属于自己的土地权证，既载明了农户土地数量、位置、四至等土地信息，又载明房产数量、位置、四至、出路、水路等基本信息。国家通过土地证赋予农民作为土地所有者的土地所有权，同时也赋予农民对其房产及其宅基地的个人所有权，农民在土地证上的宅基地所有权是完整的农民私人享有的土地所有权。农民的这项权利在当时的《宪法》中得到了确认。合作化运动中，无论是初级社还是高级社，尽管耕地等主要生产资料归给集体，但是宅基地却一直没有被归到合作社所有，这个阶段，宅基地仍保留私人所有性质，没有入社的宅基地还属于农民私人所有。这一阶段农民的宅基地权利基本把土地改革时期的基本性质延续下来，宅基地仍然归农民完全所有，农民享有完整的宅基地所有权和住房产权，两权统一，农民对其宅基地及其房产享有完全的处分权利，可以自己决定买卖、流转、出租、继承、赠予等处置行为。

（二）1962—1981年：宅基地所有权收归集体，使用权留给农民

1958年以后高级合作社转为人民公社，人民公社实行"一大二公"的基本政策，土地归属集体，农民变成社员，但是在初期，农民宅基地并没有归属集体。四年之后的1962年国家颁布"人民公社六十条"，宅基地连同自留山、自留地一并收归集体所有，在宅基地收归集体所有的同时确认了农民房产的私人所有性质。这样，宅基地和其上的房产的权利就分离开来。从1962年开始，历经"文化大革命"，直到改革开放后的1981年，农村宅基地的集体所有和农民使用的基本性质不仅没有改变，反而不断地通过文件予以强化，但社员有买卖或者租赁房屋的权利。这一阶段农民要取得宅基地使用权，需要先由本户申请，社员大会同意，生产队规划予以解决；需要占用耕地的，要由县级政府同意。生产队同意予以解决的宅基地是无偿划归农民的，这样就确定了宅基地使用权的无偿取得制度。改革开放后，农村实行联产承包责任制的同时，农村出现了第一次建房高潮，侵占耕地、乱占土地情况开始普遍出现。针对这种情况，国家再次强调宅基地所有权归农民集体，农民只拥有使用权，没有处分权，不可以对宅基地进行买卖、出租和任何形式的处分转让。

总而言之，在人民公社和生产队期间，农村宅基地产权体系发生了质的改变，宅基地所有权从合作化时期农户完全私有变为公社和生产队集体所有，在权利变更的同时，制度上也明确了宅基地的其他权能，如居住保障、无偿取得、去限期性、征用补偿等。静态而言，这些政策措施对于保障当时农村社会稳定是具有很重要意义的。

（三）1982—1996 年：宅基地归集体所有，城镇居民和农村居民都可以使用宅基地

这一阶段最重大的政策调整是城镇居民和农村居民一样，可以使用农村集体所有的宅基地。关于城镇居民使用农村宅基地，理论界尚有许多疑问，还存在很多争议，但这是确实的事实。从 1982 年开始，国家允许回乡落户的离退休退职退役等人员可以申请使用农村集体的宅基地。这类人员使用集体所有的宅基地，其程序与本集体组织成员基本相同，即本人申请、村民讨论通过、生产队审核、公社和后来的乡政府批准。后来又在这一规定上加了办理征地手续一项内容。这一政策规定尽管对于申请人员有条件限制，但实际上闸门一开，申请人员的条件已经没有实际意义的限制了，只要是城镇居民就可以申请建造房屋的宅基地。这一时期，国家多次发文件对城镇居民使用集体宅基地建房进行规范和细化，对实行中出现的问题予以纠正，但是总的政策框架变化不大。这一阶段也是我国农村房屋建设的高潮期。

（四）1997 年至今：宅基地所有权归集体，农民拥有宅基地使用权和有限转让权

1997 年以后国家关于宅基地使用开始改变，到了 1998 年以《土地管理法》形式予以规范和明晰。主要包括三项内容：农民继续无偿使用所在农民集体所有的宅基地；乡村企业也可以使用本集体的建设用地；城镇居民及其他不属于本集体组织的个人、组织团体需要使用建设土地的，必须依法使用国有土地。而国有土地一部分是原来就属于国有性质，但大部分来源于国家征用的集体土地。这个规定是一个分水岭。这个规定之前，城乡居民建设用地都可以使用农村集体所有的土地，这个规定把城镇居民和农村居民使用宅基地区分管理。城镇居民使用宅基地要依法申请国有土地，村民使用在本集体范围内的宅基地。依照《土地管理法》规定，只有农民在本集体范围内才能享有宅基地使用权，其他非本集体的农民、城市居民和组织都不能享有宅基地使用权。《土地管理法》公布实施之后，国务院及有关部门针

对实施过程中出现的问题，相继发布了一些通知，对耕地保护、村镇规划、宅基地审批等问题做了进一步规范。

综合以上分析研究，我国农村宅基地经历了不同时期不同政策背景下的演变，具有两个明显的特点，一是所有权的变化，我国农村宅基地所有权从农民个人所有转变为农村集体所有。在集体所有前提下，农民使用宅基地。二是使用权的扩充。从使用权角度看，农民宅基地经历了完全使用权、有限制使用权的转变过程。宅基地制度的历史演变是与我国基本经济制度、农村土地制度相适应的。（见图2-1）

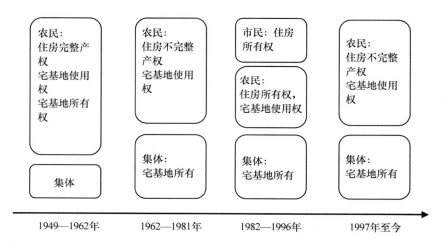

图2-1　新中国成立后我国农村宅基地权利体系演变简图

二　农民宅基地权利特征

从现有的制度安排分析，我国农民宅基地制度可以归纳为"集体所有，农民使用；福利分配，无偿占有；一户一宅，长期利用；限制流转，禁止开发"。

（一）特定的使用主体

农村宅基地的权利安排和其他农村土地一样，集体所有，农民个人拥有对土地的使用权利。农民作为宅基地使用权的主体，其身份是特定的。集体成员身份是农民享有土地使用权的必要条件，只有符合身份主体的村民以个人或户的名义才可以申请使用宅基地。非本集体组织的其他人、法人都不具备申请宅基地的条件。村民可以有限制地处分自己的房产，由于宅基地使用权主体的特定性质，农民住房的所有权也只能转让给同一集体内的其他农民。使用主体的特定性质保障了农民宅基地的分配和使用，但是也大大限制了农民实现基于宅基地的土地财产权利的可能性。

（二）无偿获得的使用权利

农村居民的宅基地实际上带有福利性质，一般而言，农村居民的宅基地是在本集体组织内部无偿分配获得的，身份严格限制体现了宅基地的无偿获得特质。农村居民申请本集体组织内部的宅基地既没有其他财产资格限制，也不需要支付任何费用。由于农村居民平等地、无偿地获得宅基地，保证了每一个本集体组织内成员基本的生活居住条件，体现了宅基地的保障功能，历史地看，农村居民的宅基地制度对于维护农村社会稳定意义重大。

（三）长久的占有期限

现行法律法规及政策并没有对农村宅基地使用权设置明确的使用期限。因此，宅基地使用权人有权在其宅基地上建房，并对地上住房享有所有权，依地上住房所有权而永久使用宅基地。在此基础上，由于房产的可继承性，宅基地使用权主体也就可以同样长期地使用宅基地，也就是说，一个家庭只要有人口续存，就可以一直长期地使用这块宅基地。虽然法律规定宅基地上的房产灭失之后宅基地无偿归回集体，但是这种情况在农村是偶发的，实践中没有意义。

（四）受限制的收益权和处分权

按照现行的农村宅基地管理政策，农户的宅基地使用权只可以连带其上建造的住房向同一集体内的其他农户转让，不可以向非集体成员身份的农民、城市居民和法人转让。这一规定对于保障农民居住安全具有肯定意义，但是这些规定同时制约着农民对其住房财产权的完全实现，也就是说，受制于宅基地权利限制，农民不能自主处分其宅基地上的住房事实上极大地限制了其财产权利的实现和保障。从发展的角度看，必须积极探索丰富农民宅基地处置权利的制度设计，让农民通过处分权利获得财产收益，增加农民对宅基地权利的合理选择。

第五节　现行农民土地权利制度的规范性文本解读

在回顾历史后，本节旨在以法律实证方法对我国现行农民土地权利制度给予规范性解读，阐释现行法律规范性文本对农民土地权利的内涵界定，并且以此为基础作为下文对农民土地权利现实状态及其权利诉求进行分析的根源。

一　农民的承包地权利

（一）农民承包地权利的范围

对农民的承包地权利直接进行规范的法律主要包括《宪法》《土地管理法》和《农村土地承包法》，其中具体的法律条文和详细规定主要体现在《农村土地承包法》中。

就农民承包地权利范围来说，《宪法》和1998年的《土地管理法》都允许土地使用权进行转让。农民具体的承包地权利范围直到2002年通过的《农村土地承包法》才被正式依法确定下来。根据此法，农民的承包地权利不仅包括对土地的使用权、收益权、流转权，而且还包括了自主组织生产经营权和产品处置权，另外还包括了承包地被国家或集体征用、占用后依法获得相应补偿的权利。

在承包地权利流转方面，《农村土地承包法》规定土地承包经营权可以依法采取转包、出租、互换、转让或其他方式流转。为了确保农民的承包地权利不受地方政府或村干部强制要求进行土地流转所侵害，《农村土地承包法》强调了"平等协商、自愿、有偿"的原则，并规定农民是土地承包经营权流转的主体。

在承包地权利抵押担保方面，现行法律体系对农村土地承包经营权抵押担保的规范大概可以分为三类。第一类是回避，作为我国土地上位法的《土地管理法》对包括承包经营权抵押在内的农村土地产权抵押没有做出任何规定。第二类是禁止，我国《担保法》《物权法》都对农村土地承包经营权抵押担保予以明确禁止；司法部门的司法解释（如《关于审理涉及农村土地承包纠纷案件适用法律问题的解释》）规定土地承包经营权进行抵押或者抵偿债务的为无效。第三类则是留有空间，《农村土地承包法》和《农村土地承包经营权流转管理办法》对承包经营权的抵押权利留出一定空间，规定如果农村土地是以招标、拍卖、公开协商等方式被权利主体承包的，而且已经通过登记获得土地承包经营权证等证书的，权利主体可以依法将其土地承包经营权进行抵押。总的来看，法律对一般性的农村土地承包经营权抵押担保是禁止的。

（二）农民承包地权利的确定性

尽管最初的土地调整是要为农民提供一个社会安全网，目的是要确保继续平均分配土地，但这种调整本身就对农民进行长期投入以增加生产和收入的意愿有着巨大的负面影响，因为没有人希望转入的土地要不定期地被调整。同时，随着经济的迅速发展和城市工业发展对农村土地需求的不断增加，设计初衷良好的土地调整机制逐渐成为村集体收回农民的承包地并通过两田制、规模经营和反租倒包进行权力寻租的有力工具。

基于对土地调整带来的问题的认识，我国制定了相关法律来规范土地调整。第一部对土地调整做出规定的法律是 1998 年的《土地管理法》，它禁止全村范围内的大调整，但允许在个别农户之间进行小调整，并且"必须经村民会议 2/3 以上成员或者 2/3 以上村民代表的同意，并报乡（镇）人民政府和县级人民政府农业行政主管部门批准。《农村土地承包法》延续了通过对土地调整进行进一步限制来确保农民承包地权利的原则，该法有关土地调整的规定更为严格而且在法律上更容易被执行"①。基于对立法背景和法律文本的分析，对土地调整可以得出以下几点：一是禁止进行大调整，即使是在"特殊情形"下，第 27 条所允许的土地调整也仅是在个别农户之间进行；二是第 27 条规定了 30 年承包期内土地不调整的基本原则，并仅允许在"特殊情形"下进行有限的调整，第 28 条继续对土地调整的范围进行了限制，列出了可以通过土地调整分配给新增人口的非承包地的种类；三是通过在第 28 条并列规定调整和新增人口可以看出，立法时并没有将新增人口包括在第 27 条内，而且不认为新增人口是特殊情形之一；四是第 27 条通过强调土地调整所要遵守的程序方面的重要规定，进一步限制了土地调整。

尽管两部法律都对土地调整限制进行了规定，禁止了大调整，但并没有对允许进行"小调整"的"特殊情形"进行明确规定，没有列出哪些是特殊情形。法律文本的这一论述将不可避免地导致农民承包地权利的不确定性和不可预见性，这不但会损伤农民在其土地上进行长期投入的信心，而且也直接影响着农民通过其土地权利实现收入和财富。

（三）农民承包地权利的流转和收回

《农村土地承包法》对承包地流转和收回做出了一系列的规定，第 10 条明确提出"国家保护承包方依法、自愿、有偿地进行土地承包经营权流转"，并从第 32 条到第 43 条细化了承包地流转和收回的

---

① 《中华人民共和国农村土地承包法》中的具体法律条文：

第 28 条　承包期内，发包方不得调整承包地。

承包期内因自然灾害严重损毁承包地等特殊情形对个别农户之间耕地和草地需要适当调整的，必须经本集体经济组织成员的村民会议三分之二以上成员或者三分之二以上村民代表的同意，并报乡（镇）人民政府和县级人民政府农业行政主管部门批准。承包合同中约定不得调整的，按照其约定。

第 29 条　下列土地应当用于调整承包土地或者承包给新增人口：

（一）集体经济组织依法预留的机动地；

（二）通过依法开垦等方式增加的；

（三）承包方依法收回和承包方依法、自愿交回的。

相关规定。但随着经济社会的发展，该法在两方面内容的规定已经严重滞后，一是该法规定"农户全家迁入设区的市并转为非农业户口的，村集体可以合法收回农户的承包地"，这就意味着，法律将农民的土地权利和农民落户城市的户籍政策绑在一起，否认农民带土地进城的权利，根据该法，农民要想落户设区的市及以上的，必须放弃其承包地权利，而且是无偿放弃，在这种情况下，农民即使有能力落户城市，但为了保留手中的承包地权利，也可能会选择继续保留农民身份，从而迟滞农民市民化进程。二是最高人民法院有关《农村土地承包法》的解释让农民承包地权利的不确定性更加凸显，该解释要求出租人向村集体返回从两种情形之一出现到出租合同到期这一期间的流转价款（当出租人已经一次性收取了流转价款），或者由村集体取代出租人收取租金（当流转价款为分期支付），这一规定就不可避免地会使潜在的出租人不愿意进行土地流转，也会引致农民不愿意迁入城市，同时也阻碍着我国适度规模经营和农业现代化的发展。

（四）农民承包地权利争议的解决

《农村土地承包法》中最突出的一点是为承包地权利受到侵害的农民，规定了各种争议的解决途径和司法救济措施。就争议解决机制来说，《农村土地承包法》给农民提供了四种选择：协商、调节、仲裁和直接向人民法院提出诉讼，允许承包地权利受到侵害的农民选择包括直接提起诉讼在内的四种途径之一，是《农村土地承包法》比《土地管理法》和《行政复议法》中的土地争议解决机制的重大进步，这两部法律均要求在向人民法院提起诉讼以前必须穷尽所有的行政救济，而集体经济组织和地方组织通常都是土地争议的当事人，因此，要求先行进行行政复议几乎没有意义，而且地方政府干部比农民更容易利用这一机制，在有利害关系时更为如此。

尽管在对承包地权利受到侵害的农民进行救济，并在对侵害人进行惩罚方面，《农村土地承包法》规定了一系列非常明确和有力的措施来禁止地方政府侵害农民的承包地权利，但是在目前农村土地承包法规定的法律框架下，还不能有效地解决对农民承包地权利的侵害。如法律尽管设计了仲裁机制，以解决任务繁重的地方法院不能够及时审理农民承包纠纷案件的问题，尽管意图良好，但是并没有制定仲裁委员会进行仲裁所应遵循的规则，而《中华人民共和国仲裁法》尽管规定了仲裁规则，但是该法明确宣布这些规则不适用于农村土地承包纠纷的仲裁，仲裁机制实为虚置。

二 农民的宅基地权利

（一）农民宅基地权利的范围

农民的宅基地权利是一个综合概念，其含义是指本身拥有的权利以及由此派生的一系列权利的总称，包括了宅基地占有权、宅基地使用权，宅基地收益权和宅基地处分权，细化来说还包括宅基地转让权、宅基地出租权、宅基地抵押权、宅基地地上权、宅基地地下权、宅基地空间权等。1998 年的《土地管理法》将宅基地定义为农村建设用地，与承包地不同，农民对宅基地的占有和使用不通过相关合同进行确定，对占有和使用宅基地的时间也没有类似承包期的限制，农民及其家庭可以长期使用其宅基地。宅基地是以家庭为单位无偿进行分配，"一户一宅"是宅基地无偿分配的基本原则，如果家庭拥有的宅基地通过各种方式流转给他人使用，此农户家庭将不能再由集体无偿分配新的宅基地，如果家庭拥有的宅基地因包括公共利益在内的各种原因需要征收、征用的，权利人有权获得经济补偿或者其他方式的补偿。关于宅基地使用权的转让问题，2007 年的《物权法》对此进行了进一步的明确，农民的宅基地使用权转让范围仍然沿用既有法律的规定，即只能转让给同一集体内的其他成员；农民手中的宅基地使用权与其承包经营权一样，在此法中也被严格禁止抵押，尽管法律规定宅基地上面建有的房屋可以被抵押，但由于建筑物和建筑物所依附的土地的不可分割性，金融机构也很难将宅基地上的房屋单独作为一般抵押物接受（见表 2－1）。

表 2 - 1　　《物权法》对宅基地相关权利的表述及权利现实情况

用益物权	宅基地用益物权	住房所有权	农民对住房享有的实际权利
占有	占有	占有	占有
使用	使用	使用	使用
收益	物权法没有将收益权作为宅基地用益物权内容。实际中也难以实现	收益	收益
—	—	处分	不能向本集体外居民转让，住房抵押担保权能在实际中很难实现

资料来源：笔者根据《物权法》内容和其他信息整理制作。

（二）农民宅基地权利的确定性

农民的宅基地权利在法律上被视为长期权利，但是法律没有对这一长期权利的确切法律含义做出任何正式的规定，而且长期权利在宅基地权利是否可以继承，及与"一户一宅"原则产生矛盾时如何解决，法律都没有给予明确阐述，"长期是否等于永久"无法通过法律得到回答。

（三）宅基地主要立法问题

一是缺少专门的宅基地法律法规。《宪法》是根本法，对宅基地的规定和法律条文表述大多较为笼统，不涉及具体事务的规定。而《土地管理法》作为一部直接对我国土地制度做出安排的法律，整个法律共86条法律条文中仅有5条含有"宅基地"这一词语。《土地管理法实施条例》是对《土地管理法》中部分内容做出更为细致也具有更多可操作性的土地管理法律，其中也仅有5条涉及宅基地。另外还有一些法律个别表述涉及宅基地，但既不系统，也不具有在现实经济生活中实际的法律意义。

二是立法技术落后、条文内容滞后。现行的与农村宅基地有关的法律规章，部分在法律条文表述上就很不严谨，有的自说自话、有的缺东少西，对于法律条文的落实既没有具体操作指向，也缺乏法律执行的基本配套条件。另外，一些涉及宅基地的法律条文制定于多年以前，尽管整部法律可能近年来经过了多次修正，但涉及宅基地管理的法律条文绝大部分都保留着既有的甚至是几十年前的表述，有的条文内容早已脱离实际、不知所指。

三是部分宅基地相关法律法规自相矛盾，主要表现在国家层面的法律和地方层面的法律不一致、农村宅基地相关的上位法和下位法不一致、国家政策和国家法律法规不一致、国家或中央政策不稳定且方向不一致等。

四是法规层次偏低，政策文件代替法律非常普遍。由于农村宅基地专门法律法规一直缺乏，对宅基地的管理大都通过政策文件进行。比如《村镇建房用地管理条例》《国土资源部关于加强农村宅基地管理的意见》是在现实宅基地管理中起重要作用的法规，但是其法律层级却较低。除了类似的条例和意见作为农村宅基地管理的法律条文外，我国在实践中更多地使用了如《国务院关于制止农村建房侵占耕地的紧急通知》《中共中央、国务院关于进一步加强土地管理　切实保护耕地的通知》《国务院关于深化改革严格土地管理的决定》等文件长期代替法律法规。各文件之间出现矛盾时，对法律法规的应用就更加混乱。

第六节　本章小结

本章分析了我国农村土地制度变迁和农民土地权利的演变。就制度变迁而言，实际上包括三种情况。土地改革是第一种情况。土地改革，沿袭了均田制和耕者有其田的土地理念，没收地主土地，分给没有土地或者土地不多的农民。按照社会主义理论，土地改革消灭了封建土地所有制度，无地少地农民在革命中得到土地。土地改革之所以采取这种做法实际上是与当时农村社会的发展水平和传统习惯相适应的。但是从制度本身而言，土地改革依然实行的是土地私有，制度本身没有发生重大变化。从 1954 年开始到 1982 年结束的集体经营是第二种情况。集体经营的模式来自苏联的集体农庄。土地作为生产资料从农民私人手中转到集体手中，土地集体所有，集体劳动，集体经营。这种模式运行 20 年，农村经济没有取得多少进展，经济社会绩效受到巨大损失。实践证明，这种模式背离了农民的诉求，背离了经济发展内在规律，也违背了生产关系与生产力相适应、经济基础与上层建筑相适应的马克思主义基本理论。从 1979 年开始至今的承包责任制是第三种情况。承包责任制最突出的贡献是回应了农民的诉求，把农村土地使用权从所有权中剥离出来，实现了土地由农民自己经营管理。这一制度既坚持了土地公有的社会主义性质，又突破了土地集体经营的约束，极大地释放了农民潜在的生产积极性，对于我国农村经济的复苏与发展具有重要意义。进一步深入分析，农村广泛实行土地承包责任制促成了全国思想大解放，事实上促进推动了我国全面改革开放，在我国市场化进程中发挥了先锋示范作用。可以认为，没有农村土地制度的这一次变迁，此后我国的市场经济体制很难在短时期中基本建立。农村土地权利制度的演变不仅影响农村和农民，对我国整体经济社会发展都有着重大的影响。

　　梳理土地改革以来我国的土地制度和土地权利制度变迁，历史告诉我们，有一点结论需要形成共识：成功的改革必然要顺应农民的需求，如果农民对土地权利的诉求及其新变化不能合理体现在改革方向中，改革或失败或束之高阁，甚至可能造成剧烈的社会动荡。而从近代四次土地制度变迁来看，这种变迁基本上是政府强制性推动模式，尽管都存在一定的诱致性因素，但政府强制性因素是制度变迁的主要动力，而农民在制度变迁中一直处于弱势地位，或取或予，农民自己对土地权利的意愿没有得到应有的重视，来自政府主动的改革对农民诉求并不能紧密契合，这是当前改革必须要重视的问题，也是本书展开研究的重要视角。

第三章　农民在市民化过程中的
土地权利现实状态

　　改革开放 40 年，随着我国工业化水平的迅速提高和国家政策的支持，我国的城镇化水平也呈现不间断的大幅度的提升。尽管城镇化是一个涵盖很广的范畴，包括人口流动、地域变迁、生产要素集聚、文化意识嬗变、社会管理方式变化等要素，但是毫无疑问，在这诸多要素中，农村人口以多种方式向城镇流动和集聚，农民转变为市民是其中的一个主要内容。农民市民化，意味着农民离开熟悉的农村生活，离开生养繁衍的土地，离开面朝黄土背朝天的农业劳动到城镇去，在城镇开始新的生活，从事新的劳动。在这一历史性变迁中，农民与土地的血肉关系更加鲜明地呈现出来，农民土地权利的贫困也历史性地凸显出来。基于此，本章旨在对我国城镇化过程和农民市民化过程以及市民化进程中的农民群体进行刻画，并细致分析农民在市民化过程中的土地权利贫困现象。

第一节　我国城镇化进程和农民市民化过程

一　我国城镇化历史进程和发展趋势

　　"城镇化"一词由国际上通用的"城市化"演绎而来。20 世纪 90 年代初理论界出现"城镇化"提法，后来在国家文件中正式采用了"城镇化"这一概念。城镇化与城市化尽管内涵不完全相同，但是所表达的意思基本相近。城镇化是一个具有广泛经济社会历史意义的变化过程，包含以下几方面的内涵。一是在城镇化进程中人口不间断地从农村向城镇集聚。这一内涵强调的是人口的流动和集聚。二是在城镇化进程中，在人口集聚的同时，产业转移、资本转移、经济社会结构转变、城镇数量增加、城镇规模扩大。这一内涵强调的是经济社会转型。三是城镇化进程必然伴随社会经济制度的变革与变迁。这一内涵强调的是与城镇化伴生的农业产业规模化、集约化、市场化等新的制度产生。而所有这些变化中最基础的内涵就是农村人口向城市、城镇流动聚集，即农民实现市民化。

城镇化是一个历史范畴，随着工业化的发展，人口、资本向城镇集聚，从而催生经济结构、社会结构、文化文明程度不断地聚变、嬗变，形成新的社会结构、经济结构，这就是世界范围内城镇化的基本模式。1949 年新中国成立之后，国家用三年多时间医治几十年战争遗留下来的创伤，在一穷二白的基础上开始工农业建设。从 1953 年开始，我国开始有计划地进行工业建设，尽管发展道路曲折艰辛，但是成绩是不容忽视的。1978 年以后，国家实行改革开放，按照社会主义市场经济总目标开始工业化城镇化建设的新征程，40 年时间取得了令世界瞩目的成就。根据我国经济发展进程和发展模式，我国城镇化分成两个大段。

（一）1953—1978 年：计划经济时期的城镇化

1949 年中华人民共和国成立，建国之初国家的基本任务是恢复生产，医治几十年不断战乱形成的战争创伤，这一阶段，历史学家、经济学家称为国民经济恢复时期。从 1953 年开始，我国学习苏联做法实行计划经济。在第一个五年计划时期国家先后开工了 150 多项重大项目，奠定了我国工业化的基础。伴随着大项目的推进，伴随着工业建设的推进，这一时期我国的城镇化也取得了较快发展。1953 年至 1957 年第一个五年计划时期，从农村进入城镇的人口达 1500 万之多，而且进入城镇的农村人口大多是年轻力壮的劳动者。进入城镇的农村劳动者加上城镇自然增长人口，1957 年较 1952 年我国的城镇人口增加了 2400 万，年增长率为 7%。① 这一阶段是我国城镇人口增长最快的时期之一。

"大跃进"开始的 1958 年至"文化大革命"开始前的 1965 年，我国的城镇化开始呈现出波动状态。1958 年至 1959 年急速上升，1960 年至 1962 年急速下降，1962 年至 1965 年缓慢爬升。1958 年到 1960 年三年时间，全国新设城市 33 个，城镇人口年平均增长 9.5%，城镇化水平达到 19.75%。② 大跃进违背了最基本的经济发展规律，大跃进背景下的城镇化也违背了自身发展的规律，这样的发展不可能持续下去。1960 年开始，国家主动对这一时期的发展方向发展方式进行调整，提出"调整、巩固、充实、提高"新的经济发展战略。其中调整是核心，是第一位的。三年调整时期全国城市总数减少 25 个，地级市降为县级市，县级市恢复县建制，一大批在建的工业项目停建缓建，大批已经进城的人口返回农村，出现了"逆城镇化"现象，造成了后来几十年剪不断理还乱的所谓"六二压"③ 问题。这段时期，城镇化水平下降了近 3 个百分点，恢复到 16.8%。

经过三年的调整，1963 年开始，我国经济有所好转，经济总量有所回升，城镇化也开始缓慢地爬升。"文化大革命"前夕的 1965 年，城镇化率为 17.86%，比 1963 年的 16.8% 增加 1 个百分点。艰难的恢复刚刚开始，随即进入"文化大革命"时期，我国的城镇化进程又一次处于停滞阶段。1966 年到"文化大革命"结束两年之后的 1978 年，12 年时间我国的城镇化水平仅仅提高 0.06 个百分点，为 17.92%。这一阶段我国的城镇化进程实际上处于停滞状态。

（二）1978 年至今：改革开放以来的城镇化

1976 年"文化大革命"结束，经过两年多缓冲和整理，1978 年

---

① 数据来自《中国统计年鉴》，城镇人口指城镇常住人口。

② 本书如非特殊说明，城镇化率均指《中国统计年鉴》中城镇常住人口占总人口的比例。

③ "六二压"：1962 年，部分国家干部和工人在政策要求下，被迫回到农村当了农民。

冬天我国召开了一个中共中央工作会议，在这个会议的基础上，紧接着又召开党的十一届三中全会。三中全会的最大贡献是拨乱反正，纠正之前国家的一系列政治经济错误，把国家工作重心转移到经济建设上。三中全会之后，从 1979 年开始经济上的改革开放与政治上的拨乱反正相互支撑，国家经济社会发展建设步入正确轨道。从 1979 年开始到 1992 年在两个因素共同作用下，我国的城镇化进程呈现出恢复发展状态。一是国家出台一系列有利于人口向城镇集聚的政策，包括安排已经下乡的知识青年返城就业；落实安置下乡、下放干部返城的政策；户籍管理开始松动，允许农民进城务工经商等。二是国有企业启动并且逐步深化改革，国有工业发展较快，与此同时，以乡镇企业为依托的小工业大量上马，国家工业化水平显著提升的同时，带动了大量的农村人口进入城镇。在这两个基本因素共同作用下，我国的城镇化水平快速大幅提高。一是城镇人口增加。1978 年全国城镇人口是 17245 万，14 年之后的 1992 年全国城镇人口是 28495 万，绝对增加11250 万。城镇化水平达到 27.46%。二是城市和建制镇增加。1992 年全国城市和建制镇总数为 12502 个，比 1978 年的 3067 个增加 9435 个。这一时期是我国城镇化从不自觉到自觉的转型阶段。1978 年以前，我国城镇化水平在传统的农村社会结构基础上有所提高，但是国家对城镇人口数量有严格控制，城镇化具有不自觉的特征。1978 年之后，国家不仅不限制城镇人口自然增长，而且开始制定政策鼓励农村人口进入城镇，这一时期大量的"农转非"就是这种政策的结果。在政策放宽的同时，随着国家工业化发展，吸引和集聚大量的农村人口进入城镇。简而言之，这一时期，我国的城镇化已经具有主动和自觉的特征。

在中国改革开放进程中，1992 年具有重要意义。从 1979 年开启的改革开放进行了 14 年，在农村以农户家庭承包联产责任制为主要形式的农村改革基本完成，广大农民在改革中得到了土地承包经营权，从"人民公社—生产队"体系的简单劳动力转变为自主经营管理的市场主体，是自负盈亏、自我对市场行为负责的生产者和经营者。

在城市以深化国有企业改革为主要内容的体制改革正在持续进行，国有企业在市场经济条件下的主体地位基本确立。改革已经取得了重大成效。但是社会经济生活中一些深层次问题矛盾也逐渐显现，改革开放出现了徘徊犹疑迹象。为了解决改革开放中出现的思想政治路线问题，邓小平亲自到南方视察，发表了一系列具有重要意义的讲话，为进一步改革开放指出了方向。在党的十一届三中全会提出以经济建设为中心、党的十二届三中全会提出社会主义经济是有计划的商品经济论断的基础上，党的十四大明确提出"发展社会主义市场经济"，从长远来看，社会主义市场经济理论对我国经济社会发展具有划时代的重大意义。党的十一届三中全会拨乱反正意义重大，但是本质上是对许多人已经认知的历史错误进行纠正，思想理论上没有重大突破。提出社会主义市场经济理论在实践上为我国经济建设和改革开放明确了方向：中国发展的未来应该是市场经济，而不是其他。党的十四大之后，我国经济开始又一轮高速发展。与经济高速发展同步，我国的城镇化也进入加速发展期。1993 年全国城镇人口 33173 万，城镇化率 27.99%，到了 2012 年全国城镇人口达到 71181 万人，城镇化率达到 52.57%。[1] 数据和事实说明，我国的城镇化进程已经有了很大进展。但是要注意到，这个城镇化率是基于城镇常住人口计算而来，庞大的农民工群体尽管已经被称为和核算为城镇常住人口，但是他们还远没有完成市民化。有专家认为，2012 年基于户籍人口计算的城镇化率仅为 35% 左右。[2] 两个数据巨大的差异就在于数量庞大的正在实现市民化的农民群体。

二 改革开放后的农民市民化进程

20 世纪 50 年代后期至改革开放初期，我国实行严格的城乡二元

---

[1] 数据来自《中国统计年鉴》，2015 年 2 月 2 日。

[2] 数据来自宏观经济研究院国土所高国力 2003 年 10 月 22 日在《大国大时代——中国经济十月谈》系列时事报告会第七场农村谈的发言，2015 年 2 月 2 日，http://finance.cnr.cn/gundong/201310/t20131022_ 513902536.shtml。

经济和社会管理制度，城乡分割的户籍、就业制度、人民公社体制下的统购统销等政策，严重阻碍了农村劳动力向城市和非农产业的转移。改革开放之后，随着经济的发展和农民就业政策的变化，农民市民化经历了被动的接受、逐步放宽和有序推动的历程。

（一）被动接受

20世纪80年代初期改革开放之后，随着农村家庭联产责任承包制的推行，农村经济得到了快速发展，农产品和农村劳动力出现了剩余。在这个大背景下，乡镇企业异军突起，大量农村剩余劳动力开始脱离农业生产，进入乡镇企业就业，开创了"离土不离乡、进厂不进城"的农村剩余劳动力的转移模式。在这个阶段，国家也相应调整，原先的限制政策开始逐步放松户籍制度、就业制度对农村人口向城市流动的限制，农村剩余劳动力逐步开始了非农转移。农民工的规模也从80年代初期的200万人左右迅速增加到1989年的3000万人。

（二）逐步放宽

20世纪90年代后，中国经济开始进入新一轮的快速增长期，对农村劳动力的限制政策也进一步松动，农村剩余劳动力开始加速向非农向城市转移，而且转移规模与年俱增，同时也形成了浩浩荡荡的民工大潮。但在90年代中期后，农民市民化出现了一些不同的特征，这个阶段乡镇企业发展速度开始大幅减慢，对农村剩余劳动力转移的吸纳也逐渐减少，因此，农村劳动力的转移和农民市民化以"离土又离乡"的模式开始异地转移，城市开始成为农民就业的主要地域。

（三）有序推进

进入21世纪后，在推进城镇化进程和增加农民收入的战略大背景下，国家开始积极出台政策引导农村剩余劳动力有序向城市、城镇转移。在这样的背景下，农民市民化又进入了一个新的发展阶段，2000年全国农民工1.1亿人，2005年全国农民工1.2亿，2012年全国农民工2.623亿。2015年全国农民工达到2.775亿，我国常住人口城镇化率达到 56.1% 。[①]

三 城镇化进程与农民市民化的关系

（一）农民市民化是推进"以人为核心"城镇化的题中应有之义

如前所述，城镇化进程的核心就是人口不间断地从农村向城镇集聚，通过人口的迁移实现经济的提升和社会的发展，最终实现的还是人的发展。当前，我国有大量的农民离开农村来到城市，除了一小部分教育程度较高、个人能力较强的能够找到较好的就业途径外，绝大部分进城农民都在工厂、建筑工程队、低端服务业等企业工作。由于城乡二元户籍政策、农村土地制度、进城成本高企等原因，这些农民虽然进城居住、就业，但他们长期以来得不到身份的认同与应有权利的保护，游离在城市的边缘，处于一种"半城镇化"状态。在这种状态下，往往重视的都是农民的劳动力特质，农民对生活、发展的渴望和要求在很大程度上都被忽略和忽视，常住人口城镇率和户籍人口城镇率间产生巨大偏离的背后是农民在城市居无定所、病无所医、学无所教、老无所养等现实问题，长此以往必将导致严重的社会和经济问题。因此，城镇化必须重视和解决农民市民化问题，回应农民进城并且完成市民化的需求，这既是对现实问题的反馈，也是实现农民平等发展的应有之义。

（二）快速城镇化为农民市民化提供了经济基础和承载空间

城镇化是中国最大的内需源泉，已经形成共识。由于当前城市化政策、财政体制和土地制度等方面的原因，土地的城市化已经超前于人口的城市化，改革开放以来城镇建成区人口密度呈现明显下降趋势就足以说明这一问题，但反过来看，快速的城镇化也为农民市民化提供了承载的空间。同时，中国经济经过多年的快速发展，已经进入了新的阶段。首先是工业和服务业反哺农业的时机已经基本成熟，新中国成立以后一直运用农产品和工业品价格"剪刀差"扶持工业的发

---

① 数据来自《中华人民共和国 2015 年国民经济和社会发展统计公报》，2016 年 10 月 2 日。

展，而目前农业增加值只占 GDP 的 10% 左右，工业和服务业已经具备反哺农业发展的基础。其次是随着中国从外向型战略向内需型战略转变，农民的角色也需要进行转型，要从需要扶持的弱势群体角色转向有相对旺盛市场需求的市民，全国第五次人口普查资料显示，农民工在第二产业从业人员中占 58%，在第三产业从业人员中占 52%，在加工制造业从业人员中占 68%，在建筑业从业人员中占 80%，另外根据国家统计局的资料，农民占全国非农产业就业人员的比重已达到 50% 以上，可以说将农民这一群体变成有效的市场需求者，已经是中国由经济大国走向经济强国的重要战略手段，因此农民市民化也绝不应该是简单的扶持弱势群体角度的帮扶性政策，而应该是作为中国图强战略的积极主动的手段。

（三）明晰、强化和保障农民的土地权利是推进农民市民化的必要前提

其一，在农民市民化过程中，农民迫切需要资金来解决自己在城镇中购房、创业等问题。赋予农民更多财产权利，有利于农民实现更多财产性收入。如，农民房屋能否在市场经济条件下进入社会财产增值体系、信用体系、流通体系，直接关系到农民财产能否转化为资产进而转化为资本，在经济上实现在城镇定居成为可能。其二，农民土地权利意识已经明显增强。根据国家发改委经济体制与管理研究所 2013 年基于全国范围 30 个城市 3154 份问卷的调研分析，在农村户口样本（68.3%）中，农民在进城定居后愿意有偿或无偿放弃承包地的仅占 5%（见图 3 - 1），愿意放弃宅基地的比例同样也非常低。进城农民认为推进农民工市民化的重点是要保障他们的承包地和宅基地等权益（见表 3 - 1），担心失去土地已经成为一些农民不愿转户的重要原因。大多数进城农民都希望保留土地财产权，也愿意以不同形式进行土地流转或者有偿退出。[①] 为此，必

①　此部分分析均来自国家发改委经济体制与管理研究所 2013 年基于全国 30 个城市的 3154 份问卷调研数据。

须明确农民土地权利的财产权属性、权能和实现方式，以此为导向进行相应的制度安排，才能科学地引导和推进市民化进程。

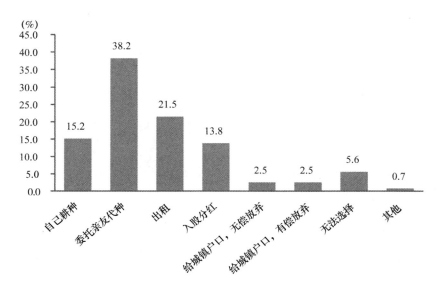

图3-1 如果您及家人进城定居，希望如何处置承包地？

表3-1　　　　　　　您认为推进农民工市民化的改革重点是？　　　　　（单位：%）

政策	非常重要 + 比较重要	一般	不太重要 + 不重要	无法选择
根据城市规模差别化降低落户门槛	70.5	22.3	5.4	1.8
实施基本公共服务常住人口全覆盖	69.7	24.6	3.7	2.0
保障转移人口的承包地和宅基地等权益	78.6	16.6	3.6	1.3
鼓励农村人口就地就近转移	51.5	31.5	14.3	2.7

正因为以上状况的存在，国家提出以人为核心的中国特色新型城镇化。笔者认为，以人为核心的新型城镇化，应该是充分关注进入城镇的农民的生产生活，实现以农民市民化为核心的城镇化，同时也是按照经济社会发展规律，经济社会协调发展的城镇化。在这样的新型

城镇化背景下，作为市民化主体的农民就更应该成为城镇化进程中不可忽视的群体。

四　城乡经济社会形态已经由"静态二元结构"转变为"动态二元结构"

随着城镇化进程和农民市民化过程，城乡"静态二元结构"已经演变为"动态二元结构"，而这是一个具有实质性意义的重大变化。所谓"静态二元结构"是指由国家层面的制度对城市居民和农村居民进行分别的不同的管理，这种管理依据户籍进行严格区分，城市居民和农村居民所拥有的各类权利在这种严格区分管理的制度下呈现出巨大的差异。在改革开放前，我国就是以静态二元结构形成农村和城市两个互相隔绝的独立部分，除了特殊的国家项目和政策，不存在大规模的农民在城乡间流动，农民被固化在农村，通过实际占有土地、经营土地、使用土地获得生活生产资料。而随着经济社会发展，社会利益形态开始演变，资源配置开始不平衡，农民仅依靠其农民身份通过土地获得的资源已经无法满足其在新的经济社会阶段的生活发展需要。所以很显然，农民除了要利用手中依据其农民身份获得的资源，还必须进入城市利用其他资源，这也正是城镇化的历史背景和达到新平衡的必经之路，而基于我国的基本国情，农民数量过于庞大，城市资源有限，城市为农民提供的资源稳定性和充足性不高，无法在短时期内满足所有农民的所有需求。因此，农民必须要同时保持进入城市和返回农村的自由和权利，也只有如此，社会才能稳定发展。综上所述，城乡"静态二元结构"已经演变为"动态二元结构"，而且这个"动态二元结构"将持续很长一段时期，成为我们面临的经济社会新格局，这是我们在研究农民农村相关问题时面临的新常态，这也正是所有相关研究必须认清的基本事实。

因此，研究和考虑农民土地权利问题，绝不能在静止状态下进行观察，对待和审视农民土地权利问题必须将其置于当前经济社会发展的新格局中，经济社会发展新趋势和利益新格局中影响最大、最重要的就是城镇化进程，对农民本身来说，就直接表现为农民市民化进程。

第二节　市民化进程中的农民群体

如此庞大数量的农民在并不是很长的时期内进入城镇，由农民转换为市民，这在中国历史上是没有过的，在世界历史上也没有先例。笔者认为，市民化进程中的农民可以分为三类互相联系、互相交叠的群体。1978 年之前农民进入城镇，转化为工商业劳动者，转化为市民身份，自然而然也就彻底与土地分离，与农业劳动分离。1979 年之后，特别是最近 20 年以来，大量的农民进入城镇，从事建筑业、工业、商业等领域，成为事实上的城镇劳动者，但是这些进入城镇的劳动者大部分依然保留着农民身份，绝大部分进入城镇的农民依然与土地保持联系。这种联系有的紧密，有的松散。如果按照进城农民与土地联系的紧密程度，大致可以把市民化进程中的农民分为三大类：进城务工兼顾农业的所谓农民工；失去土地或者失去部分土地的失地农民；依然留在农村，但是与城镇生产生活发生关联的农业劳动群体。因此，按照市民化程度和农民与土地关联紧密程度，笔者把市民化进程中的农民分为三类情况进行分析。

一　流动在城镇与农村之间、数量庞大的农民工

农民工是我国城镇化进程中出现的新的社会群体，其户籍身份是农民，其工作性质是城镇工商业者。农民工概念有广义狭义之分。广义而言，凡是离开农村离开农业外出从事工商业活动的就是农民工。其中有一部分就在本地乡镇企业就业，虽然离开土地但是没有离开本地。另一部分离开农村进入城镇，从事工业、建筑业、服务业等城市劳动。狭义的农民工主要是指后一部分。

农民工的数量随着我国经济发展呈现逐年较快增长趋势。根据国

家统计局农调队历年的统计，2000 年全国农民工 1.1 亿，2005 年全国农民工 1.2 亿，2012 年全国农民工 2.623 亿，2013 年全国农民工 2.689 亿，2.689 亿农民工中离开本地的有 1.66 亿。其中有 7739 万跨省流动，8871 万在省内流动。随着城镇化进程推进，农民工数量还会持续走高。

与农民工数量庞大相对应，农民工地域分布也十分广泛。农民工输出、输入省份涉及全国全部行政省市区，跨省流动的农民工占到农民工总数的 28.77%，占到外出农民工的 46.6%。[①] 农民工从事的行业同样也十分广泛，如制造业、加工业、建筑业、服务业等，毫不夸张地说，农民工从事的行业涵盖我国大部分产业。其中既有以白领标志的管理人员，也有以蓝领标志的普通劳动者，更有少量农民工以人大代表、政协委员的身份进入国家政治层面。总之，这个群体已经成为我国经济社会发展中不可或缺的群体，不可不高度关注的群体。

但是，这类农民的实际问题也是显而易见的。主要的问题是，农民工虽然是城市中重要的劳动者，但是其户籍身份还是农民，农民工还没有实现完全的市民化，这是农民市民化进程中的最重要事实。农民户籍身份的核心是农民与土地和城市福利的关系，农民工市民化的障碍一方面是城镇福利接纳能力对其形成推力，阻挡其落户城镇；另一方面就是农民在农村的土地利益的固化对其形成巨大拉力。农民进城务工经商成为农民工，这部分农民依然保有在农村的承包地和宅基地，但是国家并没有对如何将这些土地权利转化成为农民工在市民化时的支撑做出制度安排，因此大部分农民工无力在这一推一拉下实现高质量的城市安居。

二　徘徊在城镇化边缘、失去全部或部分土地的农民

失地农民，指因为工业发展和城镇扩大占用土地而失去土地的农

---

① 数据来自国家统计局 2013 年《农民工监测调查报告》。

民。失地农民有的失去了全部土地，有的失去了部分土地。我国农民利用土地是以家庭为单位的，所以所谓失地农民不仅指家庭户主，还包括所有的家庭成员。按照一般口径，因为国家征用土地而使农民耕种土地以家庭为单位人均少于 0.3 亩，就属于失地农民。

　　尽管目前没有失地农民的准确权威的统计数据，但是，失地农民是一个十分庞大的群体是确凿事实。有学者估计，1987 年到 2001 年，我国失地农民高达 4000 万—5000 万，[①] 到现在，失地农民规模更加庞大。在大量的失地农民中只有极少部分转化为城镇市民，生产、生活融入城镇，实现了农民市民化。大部分失地农民保留了农民身份，但是却失去了土地。失地农民不仅在地域上徘徊在城镇边缘，生产生活也游离于城镇生产生活之外。失地农民这种尴尬处境导致了三个困境。第一个是就业困境。农民失去土地就是失去职业，所以失地农民毫无例外地面对重新选择职业的问题。对于失地农民而言，再就业困难重重。在当前"市场就业"为主要就业途径条件的情况下，就业者的年龄、知识、技能和市场竞争意识是就业的主要条件。失地农民在年龄、知识水平与结构、生产技能等方面处于弱势，所以再就业选择性很少，困难重重。即使就业也只能在对知识、技能、文化水平要求较低的行业中徘徊。一些获得就业安置的失地农民，也由于种种原因转岗转业，有的再一次转为失业状态。第二个困境，生活质量下降。失去土地之后，失去了土地收益，同时生活成本大大提高。随着征地补偿货币存量的减少，如果就业情况不理想，失地农户的生活质量就会下降。第三个困境，失去基本的社会保障。土地既是农民的生产资料，也是农民的生活保障，失去土地也就失去了土地原来承载的保障功能。有限的征地补偿款在建房、子女教育、还贷、就医、生活消费中很快消耗，很大一部分农民特别是年龄偏大的农民面临着就医难、养老难等基本社会保障问题。

---

　　① 韩俊主编：《调查中国农村》上，中国发展出版社 2009 年版，第 345 页。

城镇化进程中，失地农民还将会越来越多，如何在这个过程中保障这些农民合理的土地权利、如何保障农民失地之后顺利实现市民化，真正对接城市生产生活，是城镇化、农民市民化中的一个重要课题。

三　守候在农村的农民

2015 年我国城镇化率已经达到 56.1%，按照这一统计结果，我国目前还有 6.03 亿农民留在农村，这个数量占全国人口的 43.9%。有人称这一群体为"纯农民"，有人称这一群体为"留守农民"，这些称谓其实没有真正反映这个群体的实际情况。这个农民群体虽然现在留在农村主要从事农业生产劳动，但是他们实际上是处在城镇化的边缘，一方面要以自己的土地支撑城镇化的进一步发展，另一方面自己也有可能成为城镇化的成分。所以我们可以认为，这是一个守候在农村、企望着城镇的农民群体。一般研究把现在还留在农村的人口排除在城镇化和农民市民化范畴之外，这是片面的。事实上，留在农村的农民与城镇化存在多维关联。首先是"人"的关联。已经完成市民化转变的农民群体、流动在城乡之间数量庞大的农民工群体、失去土地徘徊在城镇化边缘的失地农民与依然留在农村的农民群体依然保留着家族关系、老乡关系、亲戚关系、同学关系、朋友关系等联系。这些关系以各种方式影响着城镇化和农民市民化进程。其次是"地"的关联。城镇化从空间而言就是城镇扩张占用农村土地的过程，城镇化进一步的发展，也必然要占用农民的土地，城镇化与农民土地的关联在这样的历史必然中显得更为突出。研究农民市民化，研究农民市民化过程中的土地权利，不能不研究这个群体。

第三节　农民在市民化过程中的
土地权利现实状态

农民在城镇化进程中不仅提供了城镇空间发展需要的土地，农民本身也成为城镇化进程中的重要的不可或缺的部分。但是无论是流动在城乡之间数量庞大的农民工，还是失去土地的失地农民，或是依然留在农村的农民，在现实中，他们的土地权利都受到各种各样的制约和侵害。如前所述，我国农村土地权利主要包括三类。一是土地所有权。我国土地归国家和集体所有。农村的土地包括耕地、荒地、宅基地等，除由法律规定属于国家所有的以外，全部属于农村集体。而农村集体又有村集体、组集体、乡集体三种形态。三种形态以村农民集体所有最为普遍。这种集体所有的形态特点是权利的不可分拆性。二是承包经营权。承包经营权是农户按照法律规定向集体承包土地并经营的权利，也是农户最基本的土地权利。由承包经营权派生出占有、使用、收益和流转（转包、互换、转让）等项权利。三是宅基地使用权。宅基地使用权是农民在集体所有的建设用地上建造房屋并长期居住的权利，法律已经将其明确界定为用益物权。尽管按照法律，农民对其住房享有完整产权，但由于住房和宅基地的不可分割性，农民享有其住房产权在实际中受到严重限制。

根据一般法律概念和农民对土地的实际诉求，土地权利包括占有、使用、收益和处分的权能，下面就区分这几类权能对农民土地权利及其贫困进行深入剖析。

一　农民土地占有权利的贫困

农民对土地的占有权利决定着其他的土地权利，是农民享受其他土地权利的基础。农民土地占有权利贫困有以下几种情况。

（一）政府征地权滥用严重损害农民占有土地的权利

城市和工业的发展导致农村的土地大量被征用。按照现行的征地政策，国家可以以"公共利益"的理由征用农村集体所有的土地。国家政策的"蓄意模糊"，权利"公共域"的存续，集体土地所有权土地的虚置，农民土地权利还不能等同完全意义上的物权等因素，导致农民无法对抗征地对自己权利的侵害。这是现行征地政策的严重缺陷，正是由于存在这样的缺陷，地方政府才可以无限扩大"公共利益"的范围，不少商业性用地假借"公共利益"之名从农民手中拿地，造成了征地范围的无限扩大，直接消灭了农民对于自己土地的占有权利。同时，基于这样的制度缺陷，导致征地过程中不按程序、强征强拆、补偿偏低、分配不合理，甚至权力寻租、暴力征地等矛盾产生，更加损害了农民的土地权利，损害了农民合法权益。分析近年来各地征地过程中农民土地权利的缺失情况，可以归结为几类具体表现：自主选择权缺失，知情权缺失，监督权缺失，参与权缺失以及权利救济渠道不通畅。

农民自主选择权缺失就是在征地过程中农民对于自己的土地是否被征用、征用的补偿数额以及劳动人口的安置办法、农民市民化户籍转换办法等问题缺乏选择权，不能根据自己的意愿做出肯定或否定的选择。虽然国家设定了征地的公告程序，但是这种公告程序缺乏实质性的限制条件，往往只起到一种普通的告知作用，无法实现农民选择的权利。在这个设定的公告程序中，具有土地财产权利的农民完全没有自主选择的权利。农户的权利被所谓的"所有权人单位"替代，而所有权人的"集体"并不具有民事主体性质。没有协商机制，只有公告程序，公告之后，农民没有肯定否定的选择，只有被动地承认。农民征地选择权的缺失，是农民土地占有权利最大的贫困。

农民知情权缺失就是在征地过程中被征地农民对于征地用途、征地程序、征地补偿等方面的情况缺少基本的了解。"公共利益"是法律确定的国家征地的基本理由，但是农民对于"公共利益"的范围根本没有了解的途径，是否符合法律确定的公共利益，由具有征地权的政府说了算，征地是否符合公共利益似乎与拥有土地使用权的农民毫无关系。事实上，大部分情况下，农村土地被征用过程中被征地农民基本没有知情权利。由于农民知情权利缺失，在征地过程中程序不透明、信息不公开，征地过程中的权利寻租等问题也屡见不鲜。

农民参与权缺失就是在征地过程中被征地农民缺乏基本的参与机

会。制定土地利用规划是政府部门的权利，作为土地利用主体的农民根本没有参与制定的机会和权利，土地早已经被规划出去，农民却完全不知道。除了征地决策过程、征地方案制定过程，与农民权利最直接最相关的征地补偿、就业与社会保障安置等问题，农民同样没有参与的权利，农民有权利知道的就是早已经成为事实的所谓"公告"，而公告又等同于必须执行的命令。

农民监督权缺失就是在征地过程中被征地农民对于征地过程没有有效的监督权。广义而言，人民群众对于国家机关具有监督权，这是宪法赋予的基本公民权。狭义而言，被征地农民对于与自己息息相关的征地行为进行监督也应是农民的基本权利。但是在实践中，在征地过程中被征地农民对于征地的监督是乏力而没有多少效果的。由于缺少知情权，农民不知道监督什么；由于法律缺陷，农民不知道该如何监督；由于农民无法对抗公权，农民实际上无法进行监督。由于监督权的缺失，农民在征地中应当得到的权益大打折扣。

失地农民缺乏权利救济渠道。有些地方政府滥用征地权，由于制度缺失，在征地过程中农民应该具有的选择权利、知情权利、参与权利和监督权利严重缺失。权利缺失直接造成对农民土地权利的损害。在法制化的社会环境中，农民权利缺失造成的权利损害，应当得到权利救济。但是我国当前的行政制度和法律制度对于被征地农民缺乏权利救济渠道和权利救济保障。首先是立法缺陷致司法救济制度缺失。典型的就是当农民提出"公共利益"质疑而寻求司法救济时，由于法律对"公共利益"没有确定的界定、解释含混，司法救济往往无能为力。当农民对补偿安置有异议时，也无法得到应有的回应，农民的异议也不能影响征地行为的继续。其次是司法救济权利缺失。在某些地方政府征地过程中，特别是一些造城运动中，往往出现征地不办手续、征地不走程序、补偿不及时、强征硬拆等侵犯损害农民权益的问题。对这些问题，农民既没有办法解决，国家的法律也没有提供必要的救济渠道。另外，对征地争议过分注重行政协调和行政仲裁，在一定程度上也阻滞了司法诉求的渠道。更有一些法院居然规定拆迁补偿争议提起诉讼的不予受理。有理没理先不说，首先是没有衙门，没处去评理。这些法院之所以不予受理，根本上是由于我国现行没有关于这一类问题的法律规范，无法可依。最后是行政救济权利难以落实。我国农民无论习惯还是感情，在自己权益受到损害时，首先求助的是行政救济。但是，由于地方政府在征地行为中扮演着主导者、参与者、利益获得者、裁判者等多重身份，被征地农民行政救济的请求很难得到落实。在这种尴尬的背景下，很难形成农民满意的行政救济。信访也是农民最常使用的权利主张渠道，但是信访职权也无法实现农民权利救济的基本要求。毫无疑问，信访渠道是我国公民在司法诉求失败、行政诉求受阻等情况下寻求帮助提出诉求的重要渠道。我国各级信访部门每年都要接受大量的涉及社会各个方面的信访诉求，其中一半以上的案件就与征地剥夺农民占有土地权利直接相关。一些越级上访、暴力上访、群体上访、历史缠访案件几乎都与土地问题有关。但是信访部门本身仅仅是公民诉求的表达渠道而不是解决渠道，大部分信访案件又以逐级批转的通道转回当地政府。转办的案件经过拖延、协调、妥协甚至移花接木等办法进行解决。得不到解决的案件再次进入信访渠道，开始新的轮回。少数案件在高层领导关注下得到解决，大部分案件很难得到合情合理、农民满意的解决。

（二）基层政府和村委会侵犯农民土地占有权

我国土地制度规定，农村土地归农民集体所有。按照规定，集体代表是集体经济组织，权利由其代表行使，但是由于集体概念的虚化和泛化，集体所有权往往被具有准行政性质的村民自治组织——村民委员会所把持。村委会的把持又进一步演化为村委会领导的把持。村委会本身承担着乡镇政府对于本村行政管理的职能，乡镇政府通过村委会把行政管理延伸到村民。正是在这种情况下，基层政府和村委会不断地发生侵犯农民土地占有权的事情，主要有以下几种情况。一是村干部以乡镇企业名义圈地。村委会成员兼营乡镇企业是我国农村社会普遍存在的事实，村委会成员以自己的身份直接间接占用集体留用土地和农民承包土地。有的占地补办各种各样的手续，有的占地干脆什么手续也不办。二是企业与村干部联手，暗箱操作占用集体土地。企业以直接贿赂、干股分红、参股联办等形式与村委会成员结成联盟，通过暗箱操作实现对土地的占用。三是以土地流转名义强行推进土地集中。一些地方好大喜功，在条件并不具备、农民并不自愿的情况下强制推行土地集中经营实现所谓的规模效益。农民失去了土地自主经营权，沦为所谓农业公司的劳动力出卖者。四是乡镇干部权力寻租侵犯农民土地占有权。乡镇企业圈地占地除了村委会成员作用之外，乡镇干部也是一个很重要的因素。乡镇干部参与背后往往有权力寻租背景。乡村干部对于农民土地承包经营权利的侵犯尽管形式多种多样，但是对于农民占有权利的剥夺是十分明显的。

（三）一些地区农村妇女的土地权利被忽视、歧视和剥夺

男女平等地享有农村土地权利是法律法规早已经明确的原则，这一原则在多数地区得到落实，农村男女成员平等地享有土地承包经营权、宅基地使用权以及由此衍生的其他土地权利。但是在某些区域，农村妇女的土地权利无法得到正常保障，权利实现非常困难。这种情况一般发生在女性婚嫁过程中。嫁出去的妇女尽管在土地承包期内，但其承包地却被收回。这里收回，嫁到的地方又无法分到土地，两头落空。这是较为普遍的情况。有的地方在妇女离异、丧偶后收回或者改变原有的土地占有，形成了损害妇女权益的事实。妇女土地权利被忽视、歧视甚至剥夺尽管不是普遍存在，但是这些问题的存在违背了社会公平正义的基本原则，应当引起高度关注。

二　农民土地使用权利和收益权利的贫困

就承包地来说，农民有了土地使用权，农民的生产经营积极性才会出现大幅度提升，才会出现改革开放之初农业生产前所未有的大好形势；但是随着农村改革的不断深化，随着我国城乡结构的嬗变，农

民对于土地权利包括土地使用权利的要求也发生了变化。尽管在法律层面上，我国已经基本上构建了农民土地家庭联产承包责任制框架，但是由于法律规范模糊，国家政策多变以及法律政策落实中的主观随意，致使农民土地使用权经常受到侵犯。

（一）承包期内发包方随意调整或强制收回承包土地

土地家庭联产承包责任制自诞生开始，国家层面一直非常重视保障农民土地承包期限。农村实行土地承包经营责任制之初，各地的土地承包期不一致，1984 年以后逐渐规范，第一轮承包设定为 15 年。20 世纪 90 年代中期，在第一轮承包逐渐到期之时，国家又提出了第二轮承包，并且把第二轮承包期限延长 30 年。之后国家又以文件的形式多次表明农村土地承包期"长久不变"。尽管国家有这样的规定，但是土地承包的调整还是普遍发生。具体而言有这样几种状况。一是不落实承包政策，随意调整承包地。有的地方，在土地承包期内多次重新调整承包地。有的地方，趁承包地登记和发证之时随意调整农户的承包地。有的地方，不签承包合同，不发承包证书。二是强制收回承包土地。一些地方强行收回外出打工人员的承包土地，有的地方在村干部变更后变更承包合同，收回土地。三是强制或者限制土地流转。种种情况表明，在一些地方随意调整承包土地是确实存在的，也确实侵害着农民对土地的使用和收益权利。

（二）土地流转受到限制或收益受影响

对于承包地来说，农民承包土地流转既是城镇化和农业产业化的自然要求，也是农民土地权利的重要内容。毫无疑问，土地流转可以实现有流转愿望农民的土地收益，可以实现耕地的相对集中，对于农业产业化经营具有积极意义。当前国家法律和政策是允许并且鼓励农民承包土地经营权流转的。但是土地流转是有条件限制的，这些限制与市场配置资源的市场经济总原则并不总是一致。比如，有些地方不切实际地推行规模化种植，强行把农民土地集中在种粮大户、农业公司等形式之中。不论其实际收益如何，其做法已经违背了农民自主选择意愿，实际上造成农民土地收益权利的损失。另外在有些地方，农民有出租土地意愿，但是缺乏出租的通道和基本环境，出租土地得不到应有的收益。还有的地方由于打工和种植收入差距较大，农民没有时间耕种也不愿无偿退换，出现大面积的弃耕撂荒土地。这些情况归根结底损害的还是农民土地收益。对于宅基地来说，流转权能更是受到严重限制，法律规定，宅基地使用权和地上住房只能转让给同一集体内的其他农民。但一般来讲，集体内的农民已经由集体无偿分配获得宅基地，同时法律对宅基地使用还有"一户一宅"的规定。所以，实际上农民的宅基地和房产是基本没有可转让性的，农民土地权利和住房权利的价值大大受到限制。

（三）农民土地承包权司法保障乏力

按照现行的规定和做法，土地承包经营纠纷第一是当事双方协商解决，第二是村委会、乡政府调解解决，第三是仲裁机构仲裁，第四才是向人民法院起诉。最高人民法院规定法院受理五类农村土地承包纠纷：承包合同纠纷、承包经营权侵权纠纷、承包经营权流转纠纷、承包地征收补偿费用分配纠纷、承包经营权继承纠纷。总的来看，我国法律法规对于土地承包经营纠纷，农民土地承包经营权益提供了较为广泛的法律保障。但是有部分纠纷提起诉讼时是有限制条件的，如"集体经济组织成员因未实际取得土地承包经营权提起民事诉讼的"，"集体经济组织成员应用于分配的土地补偿费数额提起民事诉讼的"等情况，法院不予受理。实际上，农村基层政府、法律部门等在承包经营发生纠纷时的懒政怠政是纠纷长期得不到解决的首要原因，协商机制、协调机制、仲裁机制、诉讼机制看似体系完善，但却没有发挥应有的作用。

三　农民土地处分权利的贫困

（一）将农民放弃土地权利和城市户籍政策直接挂钩

随着城镇化发展，农民有了进入城镇或者转营其他行业的机会，进入城镇的农民无一例外地要面对原来属于自己的承包土地。关于进城农民的承包地国家有两个具体规定。进入小城镇落户的农民保留土地承包经营权，也允许流转。进入设区的城市，农民的承包权取消，承包地收回。按照这个规定，尽管都是转为市民，但转为社区的市的市民就要放弃土地承包经营权。农民转为城市居民，就要失去农村土地的承包经营权。这种放弃是无偿的，农民在土地上的投资无法回收，实际上形成了对于农民财产权的侵犯。因为有这样的规定，一大部分农民总是不愿意进入城镇转化为所谓市民身份。担心失去土地是当前我国农民工数量庞大、进城而不放弃土地的重要原因。

（二）土地抵押担保功能受到严格限制

现行法律法规对承包地和宅基地使用权的抵押担保是严格禁止的。这样的规定主要是基于农村土地集体所有性质。既然设定了抵押，就有转移的可能，就会威胁集体所有的性质。土地权利不能抵押，也就不能获得相应的融资，另外，尽管现行法律没有禁止农民建造在宅基地上的住房进行抵押担保，但由于房地不可分割性，住房对农民来说更多仍然只有居住使用的功能，沉淀在住房上的资产都成为"死资产"，这种情况实际上也制约着农民资产与城镇居民资产等价进入全社会财富增值流动体系，城乡收入差距必然越来越大。

（三）不合理的无偿退出机制

不论是农民的承包地还是宅基地，农民要主动退出都是无偿退出，退出后不得重新申请，法律对此做出了明确的规定。但是这种无偿退出机制在理论上和实践中都是不合理的。理论上土地本身的权利中包含了经济价值、社会价值和保障价值等，在退出土地时应该得到价值补偿。实践中，由于退出土地补偿机制不合理，导致农民土地退出步履维艰。大部分农民不愿意在这种补偿机制中退出赖以生活保障的土地，只能继续过着"亦工亦农""亦城亦乡"的两栖生活。我国2亿多农民工实际上就是在这样的机制中生存生活的。这与我国"以人为本"的新型城镇化战略是不相适应的。这种情况也直接导致大量承包地撂荒、宅基地荒废、农村住房空置的现象。可以说，这些扭曲的不利国不利民的行为是制度设计严重滞后于制度需要的无奈之举，土地资源的浪费虽然对国家利益和整体经济发展有重要影响，但最受损的还是农民的利益。

第四节　制度成因及引致后果

一　国家干预和市场机制关系的严重失衡是当前农民土地权利制度的核心矛盾

对上文农民土地权利现状综合分析来看，当前农民土地权利的贫困有两种表现，一种是权利行使不充分、不完全，法律政策不完善或受制于多方面因素落实不充分、不完全，但随着相关政策的补充完善和法律建设的推进，这些权利正在被逐步完善，而且这些权利和农民市民化过程没有明显相关关系，比如"承包期内发包方随意调整或强制收回承包土地"对农民土地权利的损害，随着近年法律的规范和细化，这种情况已经变得越来越少。也就是说，这类土地权利贫困是由于权利行使不充分引致，可以通过相关政策的修补得到完善。

而另一种是权利的缺失，也就是现行制度设计对这些权利的实现是没有考虑的，随着市民化进程的推进，农民的这些土地权利无法得到有效实现已经成为现行制度的重大缺陷，而这必须通过制度的重新设计得以解决。结合上文对农民土地权利现状的分析，当前城镇化进程带来的农民市民化，不仅仅是农民进入城市打工生活，如此大规模的农民要完成他们的市民化进程也绝不可能短时期内一蹴而就。农民市民化意味着农民离开熟悉的农村生活，离开生养繁衍的土地，离开面朝黄土背朝天的农业劳动到城镇去，在城镇开始新的生活，从事新的劳动，找到新的风险抵御方式。而在这一历史性变迁中，农民与土地的血肉关系更加鲜明地、历史性地凸显出来。这种关系在实际经济生活中对农民来说表现得非常具体，比如在市民化过程中，农民承包的土地流转的途径有哪些？流转的价值如何体现？承包地抵押担保如何实现？承包地如何退出？是无偿退出还是有偿退出？退出的价值如何体现？农民在农村的宅基地和住房如何处置？处分的价值如何体现？宅基地和住房抵押担保如何实现？这些问题都是农民市民化过程中必然要发生的问题。可见，农民与土地有着千丝万缕的关系。处理好农民在市民化进程中同其土地的关系，对农民而言至关重要。

　　而对这些问题更进一步分析不难发现，这些问题在农民土地权利的具体实现中表现为几个不同的问题，但实质上表达的是同一个问题：从农民角度来看，农民手中固化的土地权利与农民通过市场化实现其土地财产属性的现实要求产生矛盾；从制度供给角度来看，农民土地权利体系中国家干预和市场机制关系产生严重失衡，国家干预作用在农村土地的使用中占有绝对性支配力量，而随着我国经济社会的发展，社会主义市场经济制度的逐步建立，由市场对土地资源配置发挥作用是当前经济社会发展的必然要求，农村土地不能被隔绝在这一体系之外，农村土地制度包括农民的土地权利制度改革更多地体现市场对土地资源的配置作用，也顺应着经济社会和农民发展的需要，而当前二者的失衡主要表现为国家干预过度和市场机制不足。

二　制度安排不及时回应农民土地诉求的动态变化是市民化进程中农民土地权利受损的重要原因

　　总体上看，农民土地权利总体上呈贫困状态，在市民化进程中，农民对土地的占有权利、使用权利、收益权利和处分权利在实际经济状况中都受到不同程度的约束和限制。笔者认为，其中的最核心原因是我国经济社会的快速发展和变化对农民土地权利制度和土地集体所有制实现形式产生了新的诉求，而国家对农民土地权利制度安排严重滞后、不回应农民在市民化动态过程中的新的制度需求，制度需求和制度供给间产生了巨大的偏离。这里说的新的制度需求并不是对土地集体所有制进行大的颠覆性的改革，土地集体所有制是符合现实需要和基本国情的，而集体所有制的具体实现形式则需要进行改善和改革，以符合新的经济社会发展需要。

与承包地相比，农民对宅基地使用权利制度的滞后更为严重，此处以分析农民宅基地权利为例。关于宅基地的法律法规一直处于立法边缘，宅基地的规范大多分散在多份法律法规政策中。多年来，我国一直没能建立起一部统一、规范、全面、系统的宅基地使用法。由于缺乏国家层面的立法，国家相关部门和地方相关机构制定了一些行政性质的规章办法，用以规范宅基地管理。但是如果按照《立法法》的规定，这些法规、办法都不属于法律范畴，法律效力较低，设计也不全面，对农民在宅基地使用中应有的界定存在很多法律空白和明显的缺位，比如"一户一宅"规定的落实，宅基地的取得、转让、继承等问题，就存在规范缺位和落实不严的问题。这些法律的盲点多年来都未在宅基地法制化建设中得到修补、修正，农民对土地权利的诉求更是得不到回应，农民的土地权利具体实现权能在现实经济中受到侵害便是必然结果。

三 制度严重滞后导致农民对制度的对抗和积极破坏

制度滞后导致的问题是农民对制度的对抗和制度的虚置。就宅基地来看，有关宅基地使用的法律制度散见于多部法律法规及相关政策中，立法数量少且效力层次低。随着农村经济社会结构的发展变化，这些分散的宅基地法律法规已经严重滞后，与经济社会快速发展产生了巨大的矛盾。最突出的就是宅基地流转问题。按照现行的规定，农民宅基地是基于福利和保障性质无偿分配所得，不可以转让。但是随着农民市民化加速，越来越多的农民要进入城镇工作生活。这部分人在农村的房产和宅基地势必要进行处置，作为农民最重要、价值最高的财产，其财产的收益权如何实现？这些问题现行法律就缺少具体规定。事实上，宅基地及其房产流转在农村一直存在，但是由于没有法律支持只能在私下进行，这种情况与国家法制化建设的总体目标相差很远。就承包地来看，承包期时间、承包地流转、抵押和退出等政策都没有完全明确，农民对于自己手中的承包地权利并不能完全行使，现实中就经常出现承包地撂荒，最终引致的还是农民土地收益受损。所以，根据需求导向、加快制度对诉求的响应应是当前农村土地制度改革的基本原则。

四 农民土地权利贫困严重制约着市民化进程

如前所述，我国城镇化经过几十年的发展，城镇化水平有了大幅度提升，在城镇化进程中，农民不仅提供了城镇空间发展的土地，自己也或自愿或被动地成为城镇化的主要成分。一部分失地农民实现了市民化转化为城镇居民。大部分农民转变为"农民工"，保留农民身份，工作在城镇，流动在城乡之间。还有一部分农民依然守候在农村，主要从事传统的农耕生产。现实的问题是失地农民、农民工以及留守在农村的农民，这些为城镇化做出巨大贡献和牺牲的农民群体在城市福利推力和农村土地拉力下无法实现高质量的城市安居。其中，土地拉力问题就是农民的土地权利问题，正是因为农民实现土地权利的贫困问题，农民很难甚至无法将手中的土地权利转化为其进城落户的资本，固化的土地权利无法对其市民化提供支撑，只能无奈地拉着农民，阻挡其进城落户。因此可以说，农民的土地，承载着农民的希望，承载着农民的一切，农民对于土地权利的要求虽然有着深远的历史渊源，但更有着深刻的现实背景（见图3-2）。

图3-2 农民土地权利贫困制约市民化进程

第五节　本章小结

第一，我国城乡经济社会形态已经由"静态二元结构"转变为"动态二元结构"，并将持续很长一段时期，对农民土地权利的研究必须在市民化动态进程的背景下进行。"动态二元结构"成为当前面临的经济社会新格局，这是我们在研究农民农村相关问题时面临的新常态，这也正是所有相关研究必须认清的基本事实。市民化动态进程带来新的土地权利诉求，如何通过完善和改革制度，帮助农民在这个动态的过程中实现其合理的土地权利，是我国健康推进城镇化的重大课题。

第二，现行农村土地制度没有回应农民在当前市民化动态过程中的权利诉求变化，导致农民在现实中的土地权利贫困，进而制约着农民市民化进程。现行农村土地制度的产生是基于我国城乡二元结构的基础，把农民禁锢在农村土地上，旨在农村支持城市、农业支持工业，这是一种静态的制度需求，几十年来对我国国民经济社会发展起到了重要的作用。但是，当前二元社会要融为一元，农民要实现市民化，要进入城市生产生活，一部分农民已经转变为"农民工"，保留着农民身份，主要工作在城镇，流动在城乡之间，这些农民在农村的财产、权利、财富如何在市民化过程中带到城市去，农民要实现市民化如何依靠其土地权利的实现，就成为当前新的制度诉求；而由于我国农村土地制度的天然设计缺陷和改革推进滞后，现行农村土地制度并没有回应这些新诉求，因此导致了各种各样的农民土地权利贫困的具体现象，权利贫困反过来严重制约着农民的市民化进程。

第四章 农民在市民化过程中对其土地权利的诉求

——基于农民土地处置意愿实证分析

制度的供给端主要是国家政府部门和地方政府机构，而制度的需求端主要是市场主体的企业、居民和社会各类组织等。就土地权利制度来看，国家政府部门是制度供给的主要部门，而农民是制度需求方中最重要的一类。通过第二章的分析可以看出，长期以来我国农村土地制度与农民土地权利制度的供给（包括改革事项的提出），主要是供方说了算，政府强制性因素是农村土地制度变迁的主要动力。农民在历次制度变迁中一直处于弱势地位，或取或予，农民自己对土地权利的意愿没有得到应有的重视，而这是当前改革必须要重视的问题，历史告诉我们，如果农民对土地权利的诉求及其新变化不能合理体现在改革方向中，改革或失败或束之高阁，成功的改革必然要顺应农民的需求。第三章已经分析，当前对农民的土地权利的研究必须置于城镇化进程和农民市民化进程中进行。因此，分析农民在市民化进程中对其土地权利的诉求以及出现的新变化尤其重要且必要，这就是本章要重点解决的问题。

第一节 农民土地权利诉求[①]与农民土地处置意愿

一 土地权利制度供给必须准确判断农民土地权利诉求

任何一种制度供给，都应该有其既定目标。在城镇化动态进程中

---

① 此处及本书"诉求"通指需求、要求，而并非法律概念。

的农村土地制度供给的背后，同样有着既定的预期目标和制度价值，这种目标和价值的设定综合了多个层次多种角度的因素，其中，非常重要的一个因素就是建立在对农民诉求判断基础上的制度回应和预期满足。从当前我国经济发展水平要求和近年来国家层面的相关政策文件来看，农村土地制度和农民土地权利的制度供给对农民诉求的基本判断主要包括以下几项：一是农民要求富裕，即经济富足、农民收入增加、物质生活水平提高；二是农民要求公平，即社会公平，新的制度供给应有助于增加农村居民和城市居民在各个方面的公平性；三是农民要求保障自己手中的权利，主要就是明确农民合法的土地权利内容、增加土地权利的实现途径；四是农民要求市民化，即农民不仅在城市就业、居住，而且通过市民化完全成为城市一员。四项诉求的回应和实现都与农民的土地权利及其实现有着直接关系，以上是国家制度供给对农民诉求的判断和预设，这些判断和预设直接影响着相关制度供给内容的具体化和地方化，判断是否准确、预设是否合理都在很大程度上决定着具体政策的方向和内容。制度供给过程中对农民土地权利诉求的判断形成了实践中发挥作用的制度对农民诉求的响应，对农民土地权利诉求的判断和分析是否准确？是否能真实体现农民的现实诉求？是否反映了农民土地权利制度中的主要矛盾？这些问题都需要直接从农民角度对其土地权利诉求进行分析。

加强对制度主体进行需求调查，让需求引导改革供给，可以更有效提升改革事项的针对性和资源配置的有效性。当前，经济社会迅速发展，农村经济社会发生了多元变化、农民自身的发展也出现了很多新的特征和趋势，因此，在制度供给过程中，在中央和地方对农民土地权利目标和价值进行判断的过程中，加强对改革需求端的分析变得更为重要且必不可少，在学术研究中更应如此。农民作为农村土地制度和农民土地权利重要的制度需求方，其对土地权利的诉求必须得到深入的理解，并以此作为制度改善或改革的重要出发点。

二 农民土地处置意愿分析是深入理解农民土地权利诉求的重要手段

如上所述，当前进行农民土地权利研究，形成有效的制度供给，必须要深入了解农民对土地权利的诉求，尤其是农民在市民化过程中对土地权利产生的新的诉求。而农民对土地权利的诉求在农民对其土地的处置意愿及其影响因素的分析中可以得到比较全面的而且直接的体现，农民土地处置意愿之直接体现和表露了农民在市民化进程中对待其土地的态度和现实选择，包括，如果农民在城市定居落户，愿不愿意放弃其承包地权利？愿不愿意放弃其宅基地权利？不愿意放弃的原因和影响因素有什么？将如何处置承包地和宅基地？这些问题都直接反映了农民对其土地权利的诉求，也就是说，农民土地权利的诉求可以在很大程度上通过农民的土地处置意愿反映出来。

因此，本书将对农民的土地处置意愿进行实证分析，旨在把握农民土地权利诉求及其变化。农民对土地的处置意愿是农民对其土地权利基于多种因素，综合考虑做出主观意愿选择，体现的是农民基于土地效用的判断。意愿通常指个人对事物的看法或想法，并因此而产生的个人主观性思维。本书中的土地处置意愿是从农民的角度而言的，指农民对其土地权利基于多种因素，综合考虑做出主观意愿选择，体现的是农民基于土地效用判断的自我期望。农民作为一个理性决策人，更愿意采取使其土地利用效用最大化的土地处置行为。但实际上，农民对土地的处置选择势必受到相关政策和制度的约束，土地处置选择必须在既定政策框架下进行，因此与农民对土地权利的真实诉求存在一定的差异。差异过大引起的后果是政府的目标难以达到，同时使农民真实诉求难以实现。更深入的影响是政策在实际中如同虚置，农民作为土地使用的主体会减少提高土地利用效率的主观能动性，如减少对土地的投入，闲置农地、宅基地等，还有可能导致农民无视国家法律法规政策，如私下对农地不法利用和转让宅基地等，最终危害的是农民自身利益和国家整体利益。对农民土地处置意愿的实证分析将有助于了解政策和制度与农民诉求之间的偏差，有助于提出更加体现农民意愿的政策建议。依上，本书采取实证方向以农民土地处置意愿作为研究的对象展开。

第二节　实证数据选择理由和本实证的创新之处

一　实证数据选择理由

在上文简要理论推断的基础上，本章将运用农民实际调研问卷数据对农民承包地和宅基地处置意愿进行统计性分析和影响因素回归分析，旨在通过数据分析，把握农民土地处置意愿的基础上，分析制度与农民诉求之间的偏差，从而为下文提出改革思路、制定相关政策提供依据。

在所有农村居民中，进城打工的农民工是当前市民化进程中的核心主体，是最先要实现市民化的农民群体，他们对土地处置的考虑和需求最为强烈。因此，笔者认为，进城农民工的土地权利最有可能发生直接的变化，他们对土地权利的诉求也更能反映在当前经济社会发展和制度变革的环境下完善土地制度的方向要求。因此笔者立足农民市民化进程，选取到城市打工的农民工作为行为观察对象，对其土地处置意愿及意愿的影响因素进行实证回归分析，重新审视在农民市民化视角下农村土地应具有的功能和农民对其土地新的诉求，进而为本书进行农民土地权利诉求研究以及这些土地权利实施途径的政策研究提供方向和思路。

二　本实证研究的创新之处

前文已对严燕、杨庆媛、张佰林、臧波（2012）、陈霄（2012）、赵强军、赵凯（2012）的相关实证研究进行过文献综述分析。与这些文献进行比较，本书实证研究有以下创新之处。

（一）研究对象为进城打工的农民，有更强的问题针对性

现有的实证分析目标群体不同，有的研究是对农户进行，有的研

究是从农户非农就业的角度选择了农户和农民工。笔者认为，因为要研究的问题是农民对其承包地和宅基地的处置意愿影响因素，由于纯农户仍主要从事农业生产，生活在农村，较少直接面临如何处置承包地和宅基地的问题，是否放弃承包地和宅基地并不是其要考虑的紧要问题，因此选取纯农户而不是最迫切需要进行这种选择的农民工群体会影响实证结果的准确性和意义。

（二）区分土地性质，对承包地处置意愿和宅基地处置意愿进行独立分析

现有研究多是对宅基地退出的影响因素分析，也有的研究没有区分宅基地和承包地，笼统地对农村土地退出意愿进行分析。事实上，农村的承包经营制度和宅基地使用制度有相同的制度基础，但是并不是完全相同的，农民享有的承包经营权和宅基地使用权权能也完全不同。更重要的是，对于农民来说，承包地和宅基地的功能定位也完全不同，而且随着农民市民化进程的推进，农民对承包地和宅基地的诉求更是在发生着不同的变化。因此必须对承包地和宅基地分开进行实证分析，才有可能得出具有实际意义的实证结论，也才有可能为制定政策建议提供正确信息。

（三）样本覆盖全国，减小地域偏差

现有文献中实证样本基本都是选取某一区域展开问卷调研，缺乏全国性的数据和视野。本书选用的数据来自国务院研究中心2010年实地调研数据，数据覆盖江苏、浙江等八省市20多个城镇的农民工，比起来自某一个区域的数据，有利于减小地域偏差和其他随机因素对实证结果的影响。

第三节　统计性分析

基于上述样本选择理由的分析，本研究选取国务院发展研究中心在2010年对农民工的实地调研问卷数据作为分析样本，问卷调研范

围覆盖江苏、浙江、山东、安徽、湖北、河南、山西、重庆八省市20多个城镇，收回有效问卷6232份。下面的统计性分析以6232份有效样本为对象。

一 农民工基本情况

（一）农民工个人基本情况

被调查农民工男女比例基本持平（见图4-1）。来自东部、中部、西部地区的比例分别是41.4%、41.3%、17.3%（见图4-2）。

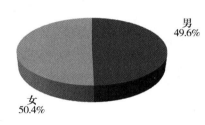
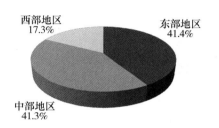

图4-1 农民工性别　　　　图4-2 农民工户籍所在地分布

被调查农民工以初中教育程度为主，反映了我国农民工的普遍受教育水平（见图4-3）。

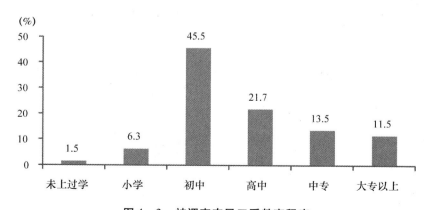

图4-3 被调查农民工受教育程度

（二）农民工家庭以三口之家、四口之家为主要类型

被调查农民工以三口之家、四口之家类型为主，家里有两个劳动力（见图4-4、图4-5）。

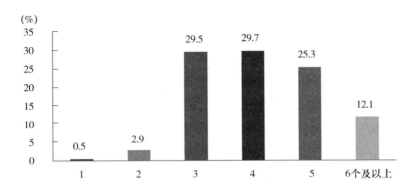

图4-4　农民工家庭成员数

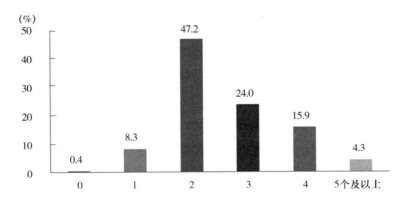

图4-5　农民工家庭劳动力数量

（三）年轻农民工更换工作频率较其他年龄段农民工更为频繁，但都保持相对稳定，就业行业以工业为主

被调查农民工就业较为稳定，近三年没有更换工作的比率在各个年龄段都在一半以上。年龄越小的农民工更换工作越频繁。一半以上被调查农民工就业于工业行业（见图4-6），单位性质主要是民营企

业。剔除无效样本后，农民工分年龄段三年内更换工作频率如表4-
1所示。

表4-1　　　分年龄段农民工近三年更换工作单位情况交叉制表　（单位：%）

年龄	没更换	1个	2个	3个	4个及以上
16—25岁	50.2	27.6	14.7	5.2	2.3
26—30岁	55.8	25.6	12.9	3.8	2.0
31—40岁	69.8	14.6	9.5	4.1	1.9
41—50岁	68.7	14.4	9.4	3.3	4.1
51岁以上	64.9	19.6	10.3	4.1	1.0
合计	58.0	22.8	12.5	4.4	2.3

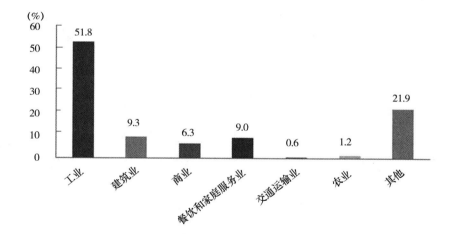

图4-6　农民工就业行业分布情况

从总体上看，绝大多数农民工都是一般工人，51岁以上农民工
中一般工人的比例最高，为81.9%。26—30岁的农民工在就业单位
担任领导职位的比例最高，31—40岁的农民工担任班组长的比例最
高（见图4-7）。

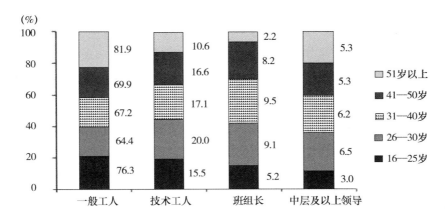

图4-7 分年龄段农民工在就业单位的工作职级

（四）被调查农民工参与城乡社会保障情况

大部分农民工在打工城市和农村老家都参与了各种社会保障，但也有部分农民工没有参加任何保险（见图4-8、图4-9）。

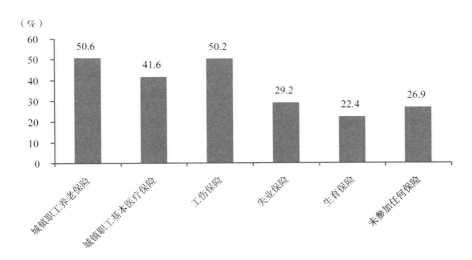

图4-8 农民工在城市参加的社会保障种类和比例

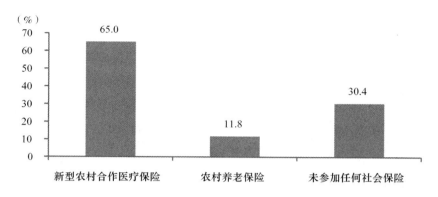

图4-9 农民工在农村参加的社会保障种类和比例

二 新生代农民工成为流动主体

（一）新生代农民工已经成为流动主体

目前，第一代进入城镇打工农民的子女、20世纪80年代以后出生的第二代农民工人数已经达到1亿以上。从对本书选择的数据进行统计分析也可以发现，16—30岁的新生代农民工是当前进城打工农民工的绝对最大比例构成。他们既与其父辈共同面临类似的制度环境，但又带有明显不同于传统农民工的特征。

经过剔除无效样本，各年龄段占比分布如图4-10所示。

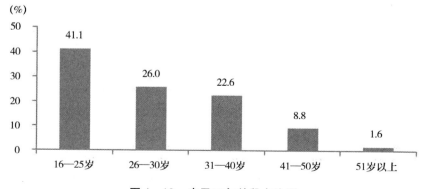

图4-10 农民工年龄段占比图

（二）务农能力明显弱化，回乡务农和定居的可能性不大

在总体样本中，有高达 68.1% 的农民工从来没有从事过农业生产，没有任何务农经验（见表4-2）。其中，新生代农民工绝大多数都没有从事过农业生产，他们的生活生产方式实质上已经和城市居民相同，在农村从事农业生产、经营土地的可能性很小。

表4-2　　　分年龄段农民工有无从事过农业生产交叉制表

年龄	有无农业生产经验（%）	
	没有	有
16—25 岁	84.5	15.5
26—30 岁	71.3	28.7
31—40 岁	51.8	48.2
41—50 岁	34.4	65.6
51 岁以上	22.2	77.8
合计	68.1	31.9

（三）相比传统农民工，市民化意愿更加强烈

剔除无效样本后，从表4-3可以看出，绝大多数被调查农民工希望在各类城市、城镇定居，仅有8.8%的被调查农民工选择希望在农村生活。年龄越小的农民工越不愿意在农村定居。

表4-3　　　分年龄段农民工城乡定居意愿交叉制表

年龄	您希望定居在什么地方（%）	
	直辖市、副省级城市、地级市、县级市、县城等城市和城镇	农村
16—25 岁	93.6	6.4
26—30 岁	90.4	9.6
31—40 岁	89.8	10.2

续表

年龄	您希望定居在什么地方（%）	
	直辖市、副省级城市、地级市、县级市、县城等城市和城镇	农村
41—50 岁	88.6	11.4
51 岁以上	76.5	23.5
合计	91.2	8.8

三 农民工承包地情况和权利诉求

（一）1/3 以上的农民工没有承包地，中年农民工没有承包地的比例最低

在调研样本中，农民工老家的承包地面积平均为 3.61 亩。同时，有 36.7% 的农民工在老家没有承包地（见图 4-11）。其中，新生代农民工和 51 岁以上的农民工没有承包地的比例更高，中年农民工没有承包地的比例最低（见表 4-4）。

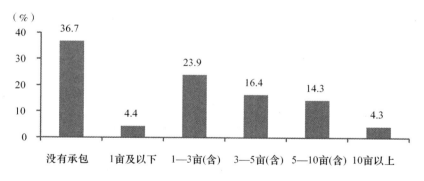

图 4-11　农民老家现有承包地面积

表 4-4　　　　分年龄段农民工家庭承包地情况交叉制表

年龄	没有承包地的农民工（%）	承包地面积的中值（亩）
16—25 岁	41.4	1.99
26—30 岁	35.4	2.04

续表

年龄	没有承包地的农民工（%）	承包地面积的中值（亩）
31—40 岁	31.3	2.45
41—50 岁	32.1	2.07
51 岁以上	43.8	1.29

（二）1/5 以上的承包地被委托给亲友代种和转租给他人，转租租金平均为 336.74 元／亩

农民工承包地耕种情况如图 4－12 所示：

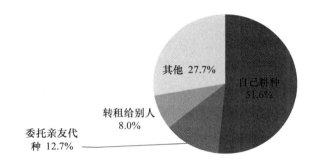

图 4－12　农民工承包地耕种情况

在回答本问题的有效问卷中，21.7% 收取的租金每亩每年 100 元以下，16.3% 收取的租金每亩每年 100—200 元，34% 收取的租金每亩每年 200—500 元，19.7% 收取的租金每亩每年 500—1000 元，8.3% 收取的租金每亩每年 1000 元以上。

（三）大多数农民希望在进城定居后保留承包地，新生代农民工与其父辈一样重视和依赖其承包地

农民工进城定居后处置承包地的意愿如图 4－13 所示：

在回答承包地处置意愿这一问题的有效问卷中，83.6% 的农民工不愿意退出承包地，而是愿意以各种形式通过承包地实现财产收入（见表 4－5）。

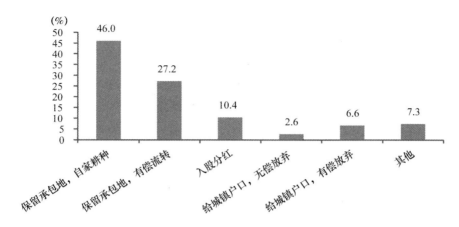

图 4-13 农民工进城定居后处置承包地的意愿

通过分年龄组对比农民工对承包地的处置意愿，发现无论哪个年龄组的农民工在进城定居后都不愿意退出承包地，处置意愿在各年龄组间没有明显差别。

表 4-5　　　　　分年龄段农民工对承包地处置意愿交叉制表　　　（单位：%）

年龄	保留承包地，自家耕种	保留承包地，有偿流转	入股分红	给城镇户口，无偿放弃	给城镇户口，有偿放弃	其他
16—25 岁	45.4	26.2	8.4	2.0	7.4	10.6
26—30 岁	42.7	29.3	13.4	2.6	6.7	5.3
31—40 岁	50.5	26.1	10.8	3.0	5.3	4.3
41—50 岁	46.0	27.0	9.5	3.8	6.3	7.3
51 岁以上	46.6	32.8	5.2	6.9	5.2	3.4

（四）承包地处置意愿呈现显著地区差异，西部地区农民工保留承包地意愿最低

剔除了选择"其他"的样本，分中、东、西地区对农民处置承包地的意愿进行了比较，发现西部地区的农民选择"保留承包地、自己耕种"这一选项与中部、东部的农民工出现很大差异（见表 4-6）。

表 4 - 6　　　　　分地区农民工对承包地的处置意愿交叉制表　　　（单位：%）

地区	保留承包地，自家耕种	保留承包地，有偿流转	入股分红	给城镇户口，无偿放弃	给城镇户口，有偿放弃
东部地区	52.9	30.9	8.1	2.6	5.6
中部地区	51.1	27.1	12.4	3.0	6.4
西部地区	37.9	30.4	15.7	2.7	13.4

四　农民工宅基地情况和权利诉求

（一）1/3 以上的农民工在老家没有宅基地，宅基地面积平均值为 513.4 平方米（见图 4 - 14、图 4 - 15）

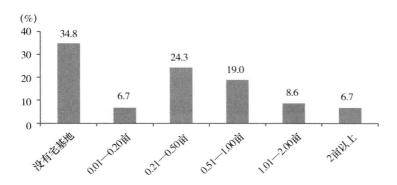

图 4 - 14　农民工老家宅基地面积

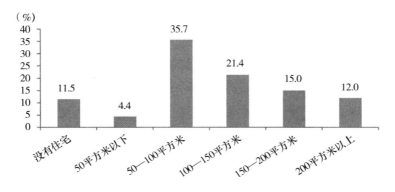

图 4 - 15　农民工老家宅基地建筑面积

（二）新生代农民工没有宅基地的比例较高，住宅面积最大、价值最高

统计分析显示，51 岁以上的农民工没有宅基地的比例在所有年龄组是最高的，达到 48.2%（见表 4 - 7）。这个结论与一般判断相反，并且也不符合本数据库其他年龄组呈现出的趋势：除了 51 岁以上年龄组，农民工年龄越小，没有宅基地的比例逐渐升高。因此，笔者判断可能是由于数据原因，导致了这一误差，没有实际的经济学意义。另外，年龄越小的农民工，其农村住宅面积越大，住宅价值也越高，中值达到 6.01 万元。可见，不管是什么年龄段，即使是对城市定居表现出强烈渴望的新生代农民工来说，农村住房也是体现和积累其财富的最主要形式。

另外，农民工老家住宅，7.7% 是 1980 年以前盖的，22.9% 是 1981—1990 年盖的，39.6% 是 1991—2000 年盖的，29.7% 是 2001—2010 年盖的。

表 4 - 7　　　　分年龄段农民工家庭宅基地和住宅情况交叉制表

年龄	没有宅基地的比例（%）	宅基地面积（中值，亩）	住宅面积（中值，平方米）	住宅价值（中值，万元）
16—25 岁	38.1	0.31	111.9	6.01
26—30 岁	32.4	0.34	109.2	5.12
31—40 岁	31.6	0.31	100.3	4.86
41—50 岁	27.6	0.30	98.9	3.72
51 岁以上	48.2	0.10	80.0	2.36

（三）大多数农民希望在进城定居后保留宅基地和农村房产

在回答宅基地处置意愿这一问题的有效问卷中，2/3 的农民工选择在进入城市并且定居在城市之后仍然保留其宅基地和住宅（见图 4 - 16）。

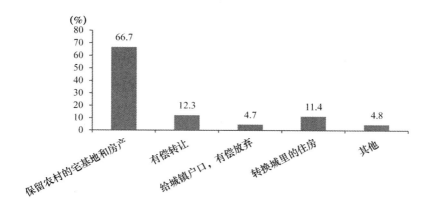

图 4 - 16 农民工进城定居后处置宅基地的意愿

对各年龄组的宅基地和住宅处置意愿进行分析，发现没有呈现出明显的年龄组间的差别（见表 4 - 8）。与承包地相同，新生代农民工也不愿轻易放弃其宅基地和农村住房。

表 4 - 8   **分年龄段农民工宅基地和住宅处置意愿交叉制表**   （单位：%）

年龄	保留宅基地和房产	有偿转让	给城镇户口，有偿放弃	置换城里的住房	其他
16—25 岁	65.3	12.7	4.7	11.5	5.8
26—30 岁	66.1	14.5	5.2	10.3	3.9
31—40 岁	68.2	10.2	4.8	12.9	3.9
41—50 岁	71.7	8.6	2.9	11.8	5.0
51 岁以上	67.8	11.9	3.4	6.8	10.2

第四节   农民工承包地处置意愿
影响因素实证分析

一   研究假说和解释变量

本实证研究旨在运用合适的计量模型对进城农民工处置其承包地的意愿进行影响因素分析，对影响承包地处置意愿选择的显著因素进行经济学意义上的解释和分析，为下文研究当前农民市民化进程中农民对其土地权利的诉求以及提出相关政策建议提供基础。

进城农民工处理其承包地的意愿是在衡量其效用基础上做出的决策。作为理性人，如果退出承包地的效用小于保留承包地的效用（包括既定效用和预期未来效用的折现），其理性决策是保留承包地；如果退出承包地的效用大于保留承包地的效用（包括既定效用和预期未来效用的折现），其理性决策是退出承包地。农民工处理其承包地的意愿选择对其本人和家庭来说都是重大决策，有多重因素可能影响其决策。根据理论分析，借鉴已有文献，本书假设这些影响因素包括如下几类：农民工本人因素（性别、年龄、受教育程度、打工技能水平、务农经验等），农民工家庭因素（子女人数、家庭成员人数、家庭劳动力人数、是否举家外出等），工作因素（是否省内打工、工作年数、当前地工作年数、当前公司工作年数、职务水平、打工满意度等），收入水平（个人年收入、年家庭纯收入），社保参加程度（城镇职工医疗保险、城镇职工养老保险、城镇职工工伤保险、新型农村合作医疗保险、农村养老保险等），承包地特征（承包地面积、承包地流转租金），政策了解程度等。

本研究要利用的数据库的有效问卷共 6232 份。其中，对"如果您进城定居，希望如何处置承包地？"问题进行有效回答的有 3844份，本实证研究基于这些有效样本展开，实际用到的样本根据参与的解释变量可得性确定。被调查农民工的性别、年龄、子女人数、受教育程度等基本特征的样本分布如表 4 - 9 所示。

表 4 - 9　　　　承包地处置意愿实证模型样本的基本特征

类型	选项	样本占比（%）
性别	男	52.89
	女	47.11
年龄	实填数	—
子女人数	实填数	—

续表

类型	选项	样本占比（%）
受教育程度	未上过学	1.55
	小学	6.26
	初中	45.11
	高中	22.74
	中专	12.57
	大专及以上	11.78
是否省内打工	是	72.50
	否	27.50
家庭成员人数	实填数	—
家庭劳动力人数	实填数	—
技能水平	没有等级	57.50
	初级技工	22.30
	中级技工	15.57
	高级技工	3.03
	技师	1.13
	高级技师	0.47
工作年数	实填数	—
当前地工作年数	实填数	—
当前公司工作年数	实填数	—
职务水平	一般工人或服务人员	69.39
	技术工人	17.97
	班组长	7.74
	中层领导及以上	4.90
是否举家外出	是	24.36
	否	75.64
打工前务农年数	实填数	—
个人年工资收入	实填数	—
年家庭纯收入	实填数	—
城镇职工养老保险	参加	47.70
	未参加	52.30

续表

类型	选项	样本占比（%）
城镇职工医疗保险	参加	40.48
	未参加	59.52
城镇职工工伤保险	参加	51.91
	未参加	48.09
新型农村合作医疗	参加	67.46
	未参加	32.54
农村养老保险	参加	11.15
	未参加	88.85
承包地面积	实填数	—
打工满意度	很不满意	5.41
	不太满意	13.96
	无所谓	20.03
	基本满意	53.40
	很满意	7.20
关心时事新闻	很少	48.68
	偶尔	40.27
	经常	11.05
承包地租金	实填数	—
承包地处置意愿	保留承包地，自家耕种	45.99
	保留承包地，有偿流转	27.19
	入股分红	10.35
	给城镇户口，无偿放弃	2.58
	给城镇户口，有偿放弃	6.61
	其他	7.28

本实证旨在分析影响农民工选择承包地处置方式的因素，根据上文分析，在回归实证模型的解释变量中，主要考虑了几类变量："农民工个体特征变量""农民工家庭特征变量""就业情况变量""承包地情况变量""政策关心变量"。具体定义和基本统计值如表4-10所示。

表4－10 承包地处置意愿实证模型解释变量类型、定义与简单描述

解释变量名称	解释变量含义	变量赋值	均值	标准差
male	性别	男＝1，女＝0	0.529	0.499
age	年龄	实填数	29.090	7.996
num of chi	子女人数	实填数	1.050	1.219
edu	受教育程度	未上过学＝1，小学＝2，初中＝3，高中＝4，中专＝5，大专及以上＝6	3.738	1.170
same province	是否省内打工	是＝1，否＝0	0.725	0.447
num of family	家庭成员人数	实填数	4.265	1.447
num of work force	家庭劳动力人数	实填数		
skill	技能水平	没有等级＝0，初级技工＝1，中级技工＝2，高级技工＝3，技师＝4，高级技师＝5	0.694	0.967
exp	打工年数	实填数	6.990	5.931
years of this place	当前地工作年数	实填数	5.225	5.240
years of this com	当前公司工作年数	实填数	3.953	4.449
level	职务水平	一般工人或服务人员＝1，技术工人＝2，班组长＝3，中层领导及以上＝4	1.482	0.836
all out	是否举家外出	是＝1，否＝0	0.244	0.429
farm exp	打工前务农年数	实填数	1.945	4.384
in come 2009	个人年工资收入（元）	实填数	16112	11707
family in come 2009	年家庭纯收入（元）	实填数	29353	157672
cheng zhen yang lao	城镇职工养老保险	参加＝1，未参加＝0	0.477	0.500
cheng zhen yi liao	城镇职工医疗保险	参加＝1，未参加＝0	0.405	0.491
gong shang	城镇职工工伤保险	参加＝1，未参加＝0	0.558	0.497
xin nong he	新型农村合作医疗	参加＝1，未参加＝0	0.675	0.469
nong cun yang lao	农村养老保险	参加＝1，未参加＝0	0.112	0.315
contracted land	承包地面积（亩）	实填数	4.224	11.740
satisfy	打工满意度	很不满意＝1，不太满意＝2，无所谓＝3，基本满意＝4，很满意＝5	3.370	1.050

续表

解释变量名称	解释变量含义	变量赋值	均值	标准差
policy	关心时事新闻	经常 = 1，偶尔 = 2，很少 = 3	1.624	0.675
rent	承包地租金	实填数	2.673	1.084
y1	承包地处置意愿	保留承包地，自家耕种 = 1，保留承包地，有偿流转 = 2，入股分红 = 3，给城镇户口，无偿放弃 = 4，给城镇户口，有偿放弃 = 5，其他 = 6	2.185	1.547

二 实证过程和结果

根据上文对样本特征和数据的分析，针对被解释变量，每个样本有六种选择："保留承包地，自家耕种""保留承包地，有偿流转""入股分红""给城镇户口，无偿放弃""给城镇户口，有偿放弃""其他"。因此笔者首先采用多值选择模型（mlogit 模型）来分析。mlogit 模型，即多元选择模型，被广泛运用于被解释变量是非连续变量，有两个以上（不含两个）的离散选项，且这些选项间没有好坏之分，无法排序等日常生活中的决策和选择问题中。笔者采用 stata12.0 进行回归，发现 mlogit 模型经过 Hausman 检验后，没有通过被解释变量备选项独立不相关假设（Independence of Irrelevant Alternatives，即 IIA），不能满足被解释变量两个选项的选择概率之比不受其他选项类别存在与否影响的假设。回到被解释变量的六个离散选择来看，可以发现，有的选择间确实存在一定关联，如"给城镇户口，无偿放弃""给城镇户口，有偿放弃"这两项，其中一项是否存在会影响另一项与其他项选择概率比，因此本实证不适合采用 mlogit 模型。和本研究遇到的问题一样，学术界存在不少在经济学意义和数据特征上适合采用 mlogit 模型但又不能满足 IIA 检验，而放弃采用 mlogit 模型的案例，必须满足 IIA 检验也是导致 mlogit 模型在实际经济生活中运用受限的最重要因素。

由于多元选择模型不能容忍被解释变量选项间存在相关性问题，

嵌套 logit，即 nlogit 模型，在学术研究中经常被用于解决此类问题，通过将被解释变量的所有选项分成若干亚组，每个亚组包含一个或一个以上的被解释变量选项，将有关联的被解释变量选项经过逐步分层实现亚组内不关联，在此基础上可以实现实证分析。笔者将被解释变量选项进行了分层，第一层："是否保留承包地？"，分为"保留"和"流转"和"其他"三个亚组。之后在每个亚组内进行第二层考虑，"保留"亚组包括"保留承包地，自家耕种""保留承包地，有偿流转""入股分红"三个选项。"流转"亚组包括"给城镇户口，无偿放弃""给城镇户口，有偿放弃"两个选择，"其他"组包含一个选项"其他"。如此，通过分层实现了各个亚组之间互相独立。笔者发现，尽管分层解决了 mlogit 模型受限于 IIA 假设的问题，但是 nlogit 模型要求根据分层确定每层不同的解释变量，第二层内应有解释变量可以直接解释和区别亚组内的每个选项，根据亚组内选项的不同解释变量取值不同。而根据对拟采用数据的分析，解释变量特征不符合这一条件。尽管被解释变量基于经济学意义可以构造合理且清晰的层次结构，但是缺乏支撑分层和亚组实证的解释变量取值，因此，本书也无法采用 nlogit 模型对现有数据进行实证分析，必须采取手段对某些变量进行调整后采用其他模型。

经过上述模型选择过程，本实证最后使用 Logistic 模型进行土地处置意愿影响因素分析。Logistic 模型是离散选择模型中的基本模型，在学术上被广泛运用于二元选择的决策研究中，现有农村土地处置意愿实证研究的文献也大都采用了这一模型。本实证要采用的数据无法进行 mlogit 模型和 nlogit 模型分析，但也不能直接适用于 Logistic 模型，必须对被解释变量进行分组归类，将多个离散的选项依据要分析的问题和经济学意义归为两类离散变量，在此基础上再使用 Logistic 模型进行分析。

如前所述，对于"如果您进城定居，希望如何处置承包地？"的被解释变量 y1，答案选项包含"保留承包地，自家耕种"等六项。要采取 logistic 模型就需要将六个选项归为两类。根据被解释变量的经济学意义，将被解释变量选项归为如下两类："保留承包地，自家耕种"，"保留承包地，有偿流转"，"入股分红"归为"保留承包地"，赋予newy1 = 1；"给城镇户口，无偿放弃"，"给城镇户口，有偿放弃"，"其他"归为"不保留承包地"，赋予 newy1 = 0。如此，承包地处置意愿影响因素 logistic 模型中被解释变量的两个选择就用 1 和 0 代表。

由于对被解释变量选项进行了归类，归为两类，被解释变量的数据结构发生了变化（见表 4 - 11）。

表 4 - 11　　　　　　　　　被解释变量归为两类后的数据结构

newy1	Freq.	Percent	Cum.
0	633	16. 47	16. 47
1	3211	83. 53	100. 00
tatal	3844	100. 00	

运用 stata12. 0 的 Logistic 模块，对二元被解释变量 newy1 进行 Logistic 回归，得到以下结果（见表 4 - 12）。整个模型的 LR 统计量为 95. 64，Prob > chi2 为 0. 0000，模型整体拟合度很好。

表 4 - 12　　　　所有被解释变量参与 Logistic 模型的回归结果
（承包地处置意愿实证模型）

newy1	Odds Ratio	Std. Err.	z	P > z	[95% Conf.	Interval]
male	1. 113	0. 205	0. 580	0. 561	0. 776	1. 596
age	0. 995	0. 020	− 0. 230	0. 815	0. 958	1. 034
num of chi	1. 098	0. 166	0. 620	0. 535	0. 817	1. 477
edu	0. 981	0. 081	− 0. 230	0. 820	0. 836	1. 153
same province	1. 197	0. 239	0. 900	0. 369	0. 809	1. 772
num of family	1. 059	0. 083	0. 730	0. 464	0. 908	1. 234
num of workforce	0. 992	0. 080	− 0. 100	0. 919	0. 847	1. 161

续表

newy1	Odds Ratio	Std. Err.	z	P > z	[95% Conf.	Interval]
skill	0.840	0.073	−2.020	0.043	0.709	0.995
exp	1.014	0.023	0.630	0.530	0.970	1.061
years of this place	0.934	0.024	−2.700	0.007	0.889	0.982
years ofthiscom	1.086	0.029	3.040	0.002	1.030	1.145
level	1.149	0.125	1.280	0.202	0.928	1.423
all out	1.027	0.202	0.130	0.893	0.699	1.509
farm exp	1.010	0.027	0.370	0.710	0.959	1.063
income 2009	1.000	0.000	−1.760	0.078	1.000	1.000
family income 2009	1.000	0.000	1.150	0.251	1.000	1.000
cheng zhen yang lao	0.908	0.190	−0.460	0.645	0.602	1.370
cheng zhen yi liao	1.082	0.238	0.360	0.720	0.704	1.664
gong shang	1.003	0.192	0.020	0.986	0.690	1.459
xin nong he	1.692	0.305	2.920	0.003	1.189	2.408
nong cun yang lao	0.709	0.172	−1.410	0.157	0.441	1.142
contracted land area	1.092	0.031	3.140	0.002	1.034	1.154
satsify	1.133	0.091	1.560	0.119	0.968	1.327
policy	0.736	0.090	−2.510	0.012	0.579	0.935
rent	1.024	0.005	4.530	0.000	1.014	1.035
_ cons	1.250	0.950	0.290	0.769	0.282	5.547

实证结果中 P 值表示解释变量的显著性，P 值小于 0.05 表示系数为零在 5% 的水平上被拒绝，意味着此解释变量显著。从表 4 - 12 结论中可以看出，有些解释变量的 P 值较高，超出 0.05 的范围，不属于显著影响因素。

实证结果中 Odds Ratio 表示的是优势比，$\text{Odds Ratio} = \dfrac{p_{1/(1-p_1)}}{p_{0/(1-p_0)}}$，$p_1$ 代表被解释变量选择 1 的概率，即选择"保留承包地"的概率；p_0 代表被解释变量选择 0 的概率，即选择"不保留承包地"的概率。Odds Ratio 大于 1，表示选择 1（保留承包地）的可能性增加；Odds

Ratio 小于 1，表示选择 1（保留承包地）的可能性减少。以解释变量"skill"——技能来看，Odds Ratio = 0.840，表示技能每增加一个单位，"保留承包地"的概率减小 0.84 倍，也就是"不保留承包地"的概率增加。

三　农民工承包地处置意愿影响因素分析

尽管从被解释变量及其选项的经济学意义来看，多元选择模型和嵌套选择模型更符合本书要探讨的问题，但是由于要使用的数据无法满足两个模型的要求，因此本实证在对被解释变量选项进行归类处理的基础上，采用二元 Logistic 模型进行处置意愿影响因素的分析。

从对是否选择"保留承包地"的影响显著性来看，"性别""年龄""子女人数""教育程度""是否省内打工""家庭成员数""家庭劳动力人数""打工年数""职务水平""是否举家外出""打工前务农年数""个人年工资收入""年家庭纯收入""城镇职工养老保险""城镇职工医疗保险""城镇职工工伤保险""农村养老保险""打工满意度"并没有明显影响作用。下面列出具有研究意义的显著影响变量。

（1）技能水平。如前所述，此解释变量 Odds Ratio < 1，技能水平的增加将会减小农户保留承包地的可能，增加农户退出承包地的可能，符合预测的影响方向。一般来讲，农民工的技能水平越高，代表他在城镇获得稳定工作、提高工资收入、在城镇安居的能力和可能性更高，保留承包地的意愿就会降低。只要政策给予引导和合理补偿，高技能的农民工就会选择退出承包地。

（2）当前地工作年数。与技能水平相同，此解释变量 Odds Ratio < 1，但是 Odds Ratio 较为接近 1，影响程度小于技能水平的影响。当前地打工时间越长，代表农民工在城镇获得稳定工作、提高工资收入、安居在城镇的能力和可能性更高，保留承包地的意愿就会降低，符合预期影响方向。同时，他需要将承包地转化为进城安居的资

本，帮助他安家落户。

（3）当前公司工作年数。Odds Ratio > 1，表明当前公司工作时间越长将会增加农民保留承包地的可能，减少农民退出承包地的可能。可见"当前公司工作年长"和"当前地工作年长"的影响方向并不相同，可能的原因是，与在同一地方打工不同，在一个公司能打工多年的农民工，其职位、能力都随着年龄的增长而增加，落户城镇的能力大大提高，这样的农民工并不需要以退出承包地换取部分进城资本，以他自身的能力就可以安家落户，因此他更强调落户城市的同时在农村还保有承包地。

（4）是否参加新农合保险。从实证结果来看，农民是否参加了新农合保险对土地处置意愿有着非常显著的影响。P 值为 0.000，而且 Odds Ratio 为 1.7，远远大于 1，表示参加新农合保险的样本明显要比未参加新农合保险的样本更倾向于选择保留承包地。农民参与新农合保险的程度对土地处置意愿的显著影响说明我国城乡医疗保障体制的建设显著影响着农民对其土地的处置选择。综观一些国家的工业化、城市化过程，当工业化达到一定程度之后，工业开始反哺农业，形成工业支援农业、城乡协调发展的局面，在这个过程中最重要的体现之一就是建立覆盖农村居民和城市居民的社保体系。由于农民工无法参与较高保障水平的城镇医疗保险体系，而新农合对农民市民化形成强烈的拉力。因此，促进农民随着进城落户退出承包地，必须为农民落户城镇后建立不低于新农合水平的医疗保障体系，减小新农合对农民进城落户的拉力。

（5）政策关心程度。此解释变量在调研问卷中对应的问题是"您是否经常收看收听时事新闻？"答案中 1 代表"经常"、2 代表"偶尔"、3 代表"很少"。因此，政策关心程度的 Odds Ratio < 1，代表，越关心政策的农民工越倾向于选择保留承包地，说明农民工根据了解政策，对承包地的权利和收益的预期就越大，不会选择退出承包地。

（6）承包地面积。Odds Ratio > 1，说明农民工的承包地面积越大，越倾向于保留承包地，符合预期判断。承包地面积越大，意味着预期未来可能实现的收益就更大，承包地对于农民工来说是更重要的一份财产，因此农民工会选择先保留承包地。

（7）承包地流转租金。承包地流转租金对农民工选择是否保留承包地有着非常显著的影响，P 值为 0.000。承包地流转租金解释变量的 Odds Ratio 为 1.024 >1，表示承包地的流转租金越高，越倾向于保留承包地，影响方向与预期完全一致。承包地流转租金是进城打工农民工重要的财产性收入，租金越高，在其整体收入中的占比越高，对农户来说越为重要，因此，越倾向于选择保留承包地并一直享有这份财产性收入。

第五节　农民工宅基地处置意愿影响因素实证分析

一　研究假说和解释变量

和承包地模型一样，对宅基地的实证分析也基于相同的假说，即农民工对其宅基地的处置意愿是在衡量其效用基础上做出的决策。作为理性人，退出宅基地的效用小于保留宅基地的效用，其理性决策是保留宅基地。反之则反。

农民工处理其宅基地的意愿选择对其本人和家庭来说都属于重大决策，有多重因素可能影响其决策。与承包地类似，本书仍旧假设这些影响因素包括：农民工自身特征（性别、年龄、受教育程度、技能水平、打工前务农年数等），农民工家庭特征（子女人数、家庭成员人数、家庭劳动力人数、是否举家外出等），就业特征（是否省内打工、工作年数、当前地工作年数、当前公司工作年数、职务水平、打工满意度等），收入水平（个人年收入、年家庭纯收入），社保参加程度（城镇职工医疗保险、城镇职工养老保险、新型农村合作医疗保险、农村养老保险等），承包地特征（承包地面积），政策了解程度等。解释变量大部分和承包地处置意愿实证模型中的相同，但添加了与宅基地相关的其他变量，如"宅基地面积""农村住房面积""农村住房价值估值"等。

在问卷调查中，样本在被问到如何处置宅基地或房产的意愿时，被解释变量也存在多个选项：保留农村的宅基地和房产，备将来用；有偿转让；给城镇户口，有偿放弃；置换城里的住房；其他。宅基地实证模型与承包地实证模型一样，基于研究假说理论和数据结构相同，同样无法采用多元选择模型和嵌套 logit 模型，因此这里也采用 Logistic 模型。仍然使用将被解释变量选项归为两类离散变量的方式，根据被解释变量的经济学意义，被解释变量归为如下两类："保留农村的宅基地和房产，备将来用"为一类，赋予 newy2 = 1；"有偿转让""给城镇户口，有偿放弃""置换城里的住房""其他"归为一类，赋予 newy2 = 0。以 1 和 0 作为 Logistic 模型的两个离散选择，使用 stata12.0 实现实证过程。

本章采用的数据来自于与承包地实证模型相同的问卷调查数据，是国务院研究中心 2010 年实地调研数据，数据覆盖江苏等八省 20 多个城镇的农民工，发放问卷共 7000 份，收回有效问卷 6232 份。其中，对处置宅基地和房产意愿问题进行有效回答的共 3550 份，本实证研究正是基于此展开，实际用到的样本根据参与的解释变量可得性确定。

有效样本中，被调查农民工的性别、年龄、子女人数、受教育程度等基本特征的样本分布如表 4 - 13 所示。

表 4 - 13　　　　宅基地处置意愿实证模型样本的基本特征

类型	选项	样本占比（％）
性别	男	53.15
	女	46.85
年龄	实填数	—
子女人数	实填数	—

续表

类型	选项	样本占比（%）
受教育程度	未上过学	1.57
	小学	6.04
	初中	44.79
	高中	22.78
	中专	13.01
	大专及以上	11.82
家庭成员人数	实填数	—
技能水平	没有等级	57.61
	初级技工	22.61
	中级技工	15.32
	高级技工	2.99
	技师	1.04
	高级技师	0.44
工作年数	实填数	—
当前地工作年数	实填数	—
当前公司工作年数	实填数	—
职务水平	一般工人或服务人员	69.18
	技术工人	17.95
	班组长	7.73
	中层领导及以上	5.14
是否举家外出	是	24.66
	否	75.34
打工前务农年数	实填数	—
个人年工资收入	实填数	—
年家庭纯收入	实填数	—
城镇职工养老保险	参加	48.12
	未参加	51.88
城镇职工医疗保险	参加	40.80
	未参加	59.20

续表

类型	选项	样本占比（%）
新型农村合作医疗	参加	
	未参加	
农村养老保险	参加	
	未参加	
承包地面积	实填数	—
宅基地面积	实填数	—
农村住房面积	实填数	—
农村住房价值估值	实填数	—
打工满意度	很不满意	5.41
	不太满意	13.96
	无所谓	20.03
	基本满意	53.40
	很满意	7.20
关心时事新闻	很少	48.68
	偶尔	40.27
	经常	11.05
宅基地处置意愿	保留	66.70
	非保留	33.30

在宅基地处置意愿实证模型中，解释变量名称、含义、赋值等如表 4－14 所示。

表 4－14　　　　**宅基地处置意愿实证模型解释变量**
类型、定义与简单描述

解释变量名称	解释变量含义	变量赋值	均值	标准差
male	性别	男 = 1，女 = 0	0.529	0.499
age	年龄	实填数	29.090	7.996
num of chi	子女人数	实填数	1.050	1.219

解释变量名称	解释变量含义	变量赋值	均值	标准差
edu	受教育程度	未上过学＝1，小学＝2，初中＝3，高中＝4，中专＝5，大专及以上＝6	3.738	1.170
num of family	家庭成员人数	实填数	4.265	1.447
skill	技能水平	没有等级＝0，初级技工＝1，中级技工＝2，高级技工＝3，技师＝4，高级技师＝5	0.694	0.967
exp	打工年数	实填数	6.990	5.931
years of this place	当前地工作年数	实填数	5.225	5.240
years of this com	当前公司工作年数	实填数	3.953	4.449
level	职务水平	一般工人或服务人员＝1，技术工人＝2，班组长＝3，中层领导及以上＝4	1.482	0.836
all out	是否举家外出	是＝1，否＝0	0.244	0.429
farm exp	打工前务农年数	实填数	1.945	4.384
income 2009	年工资收入（元）	实填数	16112	11707
family income 2009	年家庭纯收入（元）	实填数	29353	157672
cheng zhen yang lao	城镇职工养老保险	参加＝1，未参加＝0	0.477	0.500
cheng zhen yi liao	城镇职工医疗保险	参加＝1，未参加＝0	0.405	0.491
xin nong he	新型农村合作医疗	参加＝1，未参加＝0	0.675	0.469
nong cun yang lao	农村养老保险	参加＝1，未参加＝0	0.112	0.315
contracted land	承包地面积（亩）	实填数	4.224	11.740
home stead area	宅基地面积（亩）	实填数	2.429	12.790
house are	农村住房面积（平方米）	实填数	140.400	228.500
house value	农村住房价值估值	实填数	1241	27624
satisfy	打工满意度	很不满意＝1，不太满意＝2，无所谓＝3，基本满意＝4，很满意＝5	3.370	1.050
policy	关心时事新闻	很少＝1，偶尔＝2，经常＝3	1.624	0.675
newy2	宅基地处置意愿	保留＝1，非保留＝0	0.667	0.471

二 实证过程和结果

同样，对宅基地处置意愿的实证分析运用 stata12.0 的 Logistic 模块，对 newy2 进行 Logistic 回归，得到以下结果（见表 4 - 15）。整个模型的 LR 统计量为 132.66，Prob > chi2 为 0.0000，模型整体拟合度很好。

表 4 - 15　　　　　　　Logistic 模型的回归结果

newy2	Odds Ratio	Std. Err.	z	P > z	[95% Conf.	Interval]
male	1.024	0.126	0.190	0.846	0.805	1.304
age	1.010	0.014	0.750	0.456	0.984	1.037
num of chi	0.915	0.093	-0.880	0.381	0.750	1.116
edu	0.946	0.054	-0.970	0.333	0.846	1.058
num of family	1.146	0.055	2.870	0.004	1.044	1.258
skill	1.019	0.066	0.280	0.778	0.897	1.157
exp	0.981	0.015	-1.250	0.210	0.953	1.011
year of this place	0.995	0.017	-0.290	0.771	0.963	1.028
year of this com	1.041	0.020	2.070	0.038	1.002	1.082
level	1.243	0.093	2.890	0.004	1.073	1.439
all out	0.873	0.118	-1.000	0.317	0.669	1.139
far mexp	0.989	0.017	-0.680	0.499	0.956	1.022
income 2009	1.000	0.000	-3.260	0.001	1.000	1.000
family income 2009	1.000	0.000	0.400	0.687	1.000	1.000
cheng zhen yang lao	1.622	0.233	3.370	0.001	1.224	2.149
cheng zhen yi liao	0.973	0.139	-0.190	0.850	0.735	1.289
xin nong he	1.933	0.241	5.290	0.000	1.515	2.468
nong cun yang lao	1.609	0.315	2.430	0.015	1.097	2.361
contracted land	0.995	0.006	-0.960	0.335	0.984	1.006
home stead area	1.007	0.005	1.510	0.132	0.998	1.017
house area	1.000	0.000	-0.020	0.980	0.999	1.001
house value	1.000	0.000	-0.770	0.440	1.000	1.000

续表

newy2	Odds Ratio	Std. Err.	z	P > z	[95% Conf.	Interval]
satisfy	1.174	0.067	2.820	0.005	1.050	1.312
policy	0.786	0.069	-2.730	0.006	0.662	0.935
_cons	0.507	0.297	-1.160	0.247	0.161	1.600

实证结果中 P 值表示解释变量的显著性，P 值小于 0.05 的表示系数为零在 5% 水平上被拒绝，即为显著。从此实证结果来看，部分被解释变量 P 值较高，如性别、年龄、子女人数、受教育程度、技能水平、在外打工年长、此地工作年长、是否举家外出、打工前务农年长、年家庭纯收入、是否参加城镇医疗保险、承包地面积、宅基地面积、农村宅基地上住宅面积和价值都不属于显著影响因素。

Odds Ratio 的含义与前文承包地处置意愿实证结果中相同，表示的是优势比，Odds Ratio $= \dfrac{p_{1/(1-p_1)}}{p_{0/(1-p_0)}}$，$p_1$ 代表被解释变量选择 1 的概率，即选择"保留宅基地"的概率；p_0 代表被解释变量选择 0 的概率，即选择"不保留宅基地"的概率。Odds Ratio 大于 1，表示选择 1（保留宅基地）的可能性增加；Odds Ratio 小于 1，表示选择 1（保留宅基地）的可能减少。

总体来看，与承包地处置意愿模型相比，显著影响宅基地处置意愿的影响因素更多，影响程度也更明显，说明了农民对其宅基地及地上住房如何处置更为关注和敏感。从解释变量数量上来看，共有 9 个变量显著影响农民是否保留宅基地的选择，包括家庭成员人数、当前公司工作年数、职务水平、个人年工资收入、城镇职工养老保险、新型农村合作医疗、农村养老保险、打工满意度、关心时事新闻。

从影响方向来看，只有关心时事新闻程度 Odds Ratio 小于 1，此解释变量在调研问卷中对应的问题是"您是否经常收看收听时事新闻？"答案中 1 代表"经常"、2 代表"偶尔"、3 代表"很少"，因此表明随着农民关心时事程度越来越高越倾向于选择保留宅基地。"打工满意度"的 Odds Ratio 为 1.174，表示打工满意度越高的农户样本越倾向于选择保留宅基地，影响方向与预期存在差异。可能的原因是农民工打工满意度越高有可能代表此样本对打工及打工收入的依赖程度越低，也就意味着此样本更加依赖农村生产生活，选择保留宅基地的可能性就越高。个人年收入影响很显著，但是 Odds Ratio 非常接近1，对选择的影响方向不明显。此外，其他 7 个解释变量影响方式都为正，随着家庭成员人数越多、当前公司工作年数越长、职务水平越高、年工资收入越高、打工满意度越高、参加了城镇职工养老保险、参加了新农合、参加了农村养老保险，农民工保留宅基地以备将来用的可能性增加。总的来看，农民工对其宅基地及地上住房的财产权利诉求非常强烈，即便有能力迁入城镇并落户城镇，但如果缺乏合适的政策安排，农民也不愿意退出其宅基地和地上住房。在实地调查中也了解到，一些农民工即使接受有条件地放弃承包经营权，但是被问到是否愿意退出宅基地时，就断然拒绝。这既是一份乡情，也是农民对风险的抵御方式。在无法更有效实现宅基地权利和住房产权的前提下，先选择保留可能是最安全但也最无奈的选择。

第六节　农民土地权利诉求分析

从农民土地处置意愿及影响因素的实证分析中可以看出，农民对其土地权利的诉求是复杂的、复合的，既包含了农民对土地的挂念和感情，更包含了农民自身发展的现实需要。将本章实证结论展开进一步分析，笔者总结出农民对其土地权利最现实且最迫切的两类诉求。这些诉求和要求必须合理地体现在制度的供给中。

一　农民要求土地保留社会保障和抵抗各类风险的作用

农民对其土地如何进行处置的主观意愿选择基于多种因素综合进行，对农民来说，土地的功能不仅仅是生产资料，可以形成一定经济收入，在当前城镇化进程中，土地更是农民未来生活的风险抵御物资，是部分社会保障功能的替代物，处置土地意味着农民未来生活方式的选择，意味着对未来收入的长期安排，意味着未来要找到新的风险抵御方式。上文实证分析中，无论是在承包地的实证模型中，还是在宅基地的实证模型中，农民参与社会保障水平都显著影响着农民对其土地的处置意愿，是否参加新型农村合作医疗保险在两个实证模型中都是最为显著的影响变量，P 值均为 0.000。可见，尽管近年来随着经济社会发展，土地对农民的保障功能已逐步减弱，农民的收入结构有了巨大变化，耕作土地的收入比例下降非常明显，但是对农民来说，他们手中土地的社保意义仍然非常显著。无论是进城农民工进退有据还是农民的老有所养，甚至是基于心理安全需要，农民依然寄予土地很明显的保障期望，这是制度设计必须考量的重要因素。与承包地模型相比，宅基地模型对社会保障参与水平更为敏感，除新型农村合作医疗保险之外，农民工是否愿意退出宅基地还高度受到是否参与城镇职工养老保险和农村养老保险的影响。

农民除了显性的社会保障诉求外，还有隐性的抵御市民化过程中各类风险的诉求，这点在实证中也得到了反映。在宅基地实证模型中，打工满意度这一解释变量显著影响宅基地处置意愿。实证结论显示，打工满意度越高，农民越倾向于保留宅基地。笔者认为，之所以会出现这一结果，很有可能是因为农民工对打工满意度越高代表着此样本对打工及打工收入的依赖程度越低，也就意味着此样本更加依赖农村生产生活，农村的宅基地和住房为他提供了高度的心理保障和整体安全感。可见，打工满意度是农民对其整体受保障的生产生活的反映，尽管农民工进城打工，甚至落户城市，但家中有房仍然是其应对各类风险和恐慌的重要保障，为农民进城打工提供着不可替代的心理依赖。

更需要注意的是，在实行家庭承包制前，农民基于其土地权利通过土地的生产和居住功能一并满足了生存、生活以及社会保障的诉求，农民复合的诉求在当时是一致的、统一的，农民的发展是固化在土地上的静态状态。而随着城镇化进程和农民市民化进程，农民这种诉求随着农民的"人地分离"也开始分离，农民从土地中获得生存、生活资料的依赖性开始降低，进城打工的工资性收入更能满足他们的这部分需求，农民的发展从固化在土地上的静态状态演变为城乡之间的动态状态，农民对于土地的社会保障诉求分离于农民获得生产生活资料的诉求存在，在这个市民化过程中，农村土地对农民的社会保障意义仍然非常显著，思考农村土地制度和农民土地权利体系的改革必须高度重视农村土地对农民的社会保障功能和意义。

二　农民迫切要求土地通过市场化增加价值

在土地处置意愿影响因素分析中，不论是承包地还是宅基地，都没有发现年龄对土地处置有显著影响因素。在统计性分析中，通过分年龄组交叉分析，也可以发现，农民退出土地的意愿并没有随着年龄增强，新生代农民工和其父辈一样非常重视和依赖其土地权利。在承包地分析模型中甚至发现，新生代农民工倾向保留承包地的比例非常高，16—25 岁选择以各种形式保留承包地的比重合计高达 80.2%。承包地年租金影响因素的 P 值为 0.000，显著影响着农民是否决定退出承包地。承包地的流转租金越高，农民越倾向于保留承包地。承包地流转租金是进城打工农民工重要的财产性收入，租金越高，在其整体收入中的占比越高，对农户来说越重要，因此，越倾向于选择保留承包地并一直享有这份财产性收入。不仅从租金解释变量上得出此结论，其他解释变量如"政策关心程度""承包地面积"等对土地处置意愿的影响都反映了农民对其土地财产性收益的预期，尤其是近年来土地资源的短缺和土地价格的逐步上涨更加提高了农民对于土地财产性收入的期望。农民要求清晰完整的土地权利中就有期望通过土地增加市场化功能带来较高财产性收入的深刻内涵。在宅基地分析中，各年龄层对宅基地处置意愿分歧不大，而且年龄越小的农民工，其农村住宅面积越大，住宅价值也越高，中值达到 6.01 万元。可见，即使是对城市定居表现出强烈渴望的新生代农民工来说，农村住房也是体现和积累其财富的最主要形式，他处置土地的选择要求建立在能通过市场化有效实现其土地权利的基础上。由于农民对基于土地的财产性收益期望很高，土地权利的改革必须明确回应当前土地资源的稀缺性以及农民通过市场化手段增加土地财产收入的期望。

另外，实证中，不论是承包地还是宅基地，大比例农民工样本选择了保留，其主要原因就是在当前政策环境下农民的土地权利不明晰，农民处在市民化的动态进程中，虽然渴望进城定居，但城市打工的工资性收入还无法提供其进城定居转为城市居民的资金支持，而农民手中的土地权利无法通过资本化转化为农民的进城资本，如农民在城市的住房需求，这点在实证分析中也有直接体现。从实证结果来看，相比承包地，农民对宅基地的权利诉求更为敏感，将两个实证模型相比，显著影响宅基地处置意愿的因素比影响承包地处置意愿的因素更多，影响程度也更明显，这既说明农民对其宅基地及地上住房如何处置更为关注和敏感，又印证了宅基地通过地上住房积累了农户更多的资金投入，农民对宅基地及住房资产化有更高的期望和依赖，宅基地及地上住房进行资本化将是农民实现市民化的重要支撑。当前在无法更有效实现土地权利将其转化为财产、进一步转化为资本的前提下，先选择保留可能是最安全但也最无奈的选择。在此种选择下，土地的资源配置效率低下，财产功能无法体现，直接制约着农民增加收入、解决"三农"问题、提高城镇化发展质量、发展现代农业等问题。因此，完善土地权利，赋予农民清晰的土地权利，让农民手中的土地权利为其提供有效的市民化资本支持是我国当前推动城镇化进程的一项重要工作。

三 农民的多元诉求必然要求农民土地权利进一步分离和明晰

从以上基于实证研究的分析来看，随着农村经济社会的发展，随着农民自身的发展，既有制度对农民诉求及其出现的新变化的契合度越来越低，制度供给和制度诉求之间产生了明显的错位甚至矛盾。有的诉求和制度供给在方向上是统一的，但供给的程度太弱以致无法实际满足农民诉求；出现的新的诉求由于制度供给滞后，更是处于"真空"的制度供给状态。笔者认为之所以出现上述现象是由于农民过去静态的复合的土地权利诉求随着城镇化进程和市民化进程出现了动态的分离。在过去静态的城乡二元社会中，农民向城市的流动受到严格限制，农民基本都是通过经营土地、农业生产获得绝大多数生活资料，农民生存、发展、社会保障的诉求都通过自己由集体分配而来的土地获得，农民与土地之间是一种固化的静态关系，在这个阶段，农民的所有诉求都合为一体通过集体为农户分配土地得到满足。

而随着农民大规模进入城市就业、居住，在城市农村之间往返，在当前经济发展水平和城市容纳能力现状下，这种动态的"半城镇化"状态仍将持续很长一段时间。在这个动态中，农民原本合为一体的土地权利诉求开始逐渐分离，由于城市福利不能同步承担所有农民的社会保障需求，必然要求土地还保留社会保障功能；由于农民自身发展需要，他们的财产和城市居民的财产一样也需要通过市场化手段进入社会财富流动和增值体系，而农民的绝大部分财产都直接或间接与其土地权利联系；由于农民必然将逐步进城落户定居，在城市定居需要的资金支持（包括城市住房、子女教育等）要求从土地权利中获得。这些分离的土地权利诉求就要求必须要对农民手中的权利进行分离，对应进行合理的产权制度安排，以满足农民多元的诉求，这既是对农民诉求回应的必然要求，也是当前农村土地制度改革的必然选择。

第七节　本章小结

通过进行实证分析，有助于我们直接审视农民在市民化过程中对其土地权利的诉求。分析和启示总结如下。

大多数农民工选择保留土地可能是其在当前土地权利制度下最安全但也最无奈的选择，是其土地权利贫困的结果，农民的土地权利需要在市民化动态过程中实现。农民对其土地如何进行处置的主观意愿选择基于多种因素综合进行，对农民来说，土地的功能不仅仅是生产资料，可以形成一定经济收入，土地也是农民未来生活的风险抵御物资，是部分社会保障功能的替代物，处置土地意味着农民未来生活方式的选择，意味着对未来收入的长期安排，意味着未来要找到新的风险抵御方式。实证中，不论是承包地还是宅基地，大比例农民工样本选择了保留，其主要原因就是在当前政策环境下农民的土地权利不明晰，农民处在市民化的动态进程中，既渴望进城定居，又无法放弃农村的土地，而当前的制度没有回应这种农民在市民化动态过程的新诉求。在无法更有效实现土地权利的前提下，先选择保留可能是最安全但也最无奈的选择。在此种选择下，土地的资源配置效率低下，财产功能无法体现，直接制约着农民增加收入、解决"三农"问题、提高城镇化发展质量、发展现代农业等问题。因此，完善土地权利，赋予农民清晰而稳定的土地权利是我国当前的一项重要工作。

通过对农民土地权利诉求的总结，在市民化过程中，农民对其土地权利有两类不同的土地诉求：一部分要保留社会保障和增强抵御各类风险的作用，而另一部分要通过增强市场交易和配置功能实现土地权利的财产价值。农民对土地权利诉求的多元化分离就必然要求制度供给要对农民手中的土地权利进行分离并做出相应的产权制度安排，这既是对农民诉求回应的必然要求，也是当前农村土地制度改革的必然选择。

第五章 城镇化背景下农民土地权利的价值目标和规范性质

根据前两章分析，伴随着我国的工业化、城镇化以及农业现代化过程，农村土地的功能已经变得多重化，农民的土地权利总体上呈现贫困状态，同时，农民对其土地权利的诉求开始多元化，为了进一步厘清适应当前经济社会发展需要的农民土地权利的性质和内容，设定既定的农民土地权利的价值目标和规范性质是当前制度供给必须进行的研究，本章将结合前文分析，在对城镇化进程中农民土地功能变化三维视角分析和国外土地权利价值取向变迁趋势借鉴分析的基础上，提出当前城镇化背景下农民土地权利应体现的价值目标和规范性质。

第一节 城镇化进程中的农民土地功能变化

土地的功能从一般意义上来讲，主要包括三个类别。一是土地的空间承载功能。土地作为人类生存的基本空间，最直接和重要的功能就是其空间容纳功能。二是农业生产功能。土地可以通过自然作用，配合其他自然资源，将人类本来不可直接利用的能源转换为人类生存所必需的食物资源。三是资源功能。人类发展所需要的很大一部分自然资源都与土地直接或间接相关，煤炭、石油、天然气、水等重要的自然资源都储藏在土地之中。土地制度是我国的基本制度，农民的土地权利不仅与农民的发展直接相关，更涉及我国整体经济社会长远发展的制度安排。改革开放 40 年来，伴随着我国的工业化、城镇化以及农业现代化过程，农村土地的功能已经变得多重化，分析现阶段农民土地权利的价值取向和应有内涵必须从多个利益相关主体视角深入审视农村土地功能的演变。我们必须认识到，土地是一种社会资源，在工业化城镇化背景下，农村土地相关利益多方对土地功能的诉求并不是一致的，也不是同步的，在政策制定中寻求平衡是必然选择。

一　农民的视角

40 年前的农村改革使农民获得了土地承包经营权和宅基地使用权，实现了土地由农民自己经营管理。这一重要改革突破了农村集体经营土地的约束，调动了农民潜在的生产积极性，极大地解放了农村生产力，促进了农村经济的复苏与繁荣。经过 40 年的发展，大量农民进入城镇实现了市民化和半市民化，我国城乡社会结构也由此发生了巨大变化。但是从农民的角度看，他们依然对土地存在多种功能诉求。第一，尽管农民的收入结构发生了变化，土地经营收入比重下降，但是土地的社会保障功能依然存在。无论是进城农民工进退有据还是农民的老有所养，农民依然寄予土地最后的保障期望。从对农民工的土地处置意愿影响因素分析中可以明显看出，土地的功能不仅仅是生产资料，可以形成一定经济收入，土地更是农民未来生活的风险抵御物资，是部分社会保障功能的替代物，如何处置土地意味着农民未来生活方式的选择，意味着对未来收入的长期安排，意味着未来要找到新的风险抵御方式。农村土地对于农民的就业保障和心理慰藉功能没有在代际间减弱，农民对土地的依赖将是长期存在的现实，前文的实证结论对此给出明确印证。第二，地租高低已经成为直接影响农民选择如何安排土地资源以及如何处理其土地权利的重要因素。从承包地处置意愿影响因素实证模型中可以发现，承包地租金的高低显著影响着农民土地处置意愿的选择，这一点在我国农村实践中越来越明显，这也是未来制度设计必须重点关注的内容。尤其是在城市郊区，由于地租的上涨，农村土地早已不再仅仅有居住功能，农民对土地增值、通过土地谋利的期望越来越高，激发了农民主动进行土地权利资本化的需求。但是，相关土地法律和政策未能反映农民对其土地功能诉求的变化，也不能及时从政策上进行引导，导致农民以各种各样不合法的方式争取自身利益的行为，同时也导致了土地利用混乱、土地相关统计数据不真实、建设用地供应总量难以控制、土地市场秩序紊乱等突出问题。

总之，农民要求更丰富更清晰的土地权利是其主要诉求。面对农民对其土地功能预期的变化和其土地功能事实性发生的变化，从农民角度提出更完整更清晰的土地权利是合理的要求，亟须土地制度改革来回应这些变化和要求。

二　地方政府的视角

从地方政府视角看，农村土地的承载功能变得越来越重要，工业化和城镇化加速推进带来不断增长的用地需求，引发了日趋严重的土地供求失衡矛盾，地方政府在实际行动上强烈地表现出对农民土地的需求。由于农民土地权利的弱势地位，地方政府侵犯农民权利、损害农民权益的行政行为非常容易也非常普遍，进而损害的是整个国家和社会的利益，必须尽快通过土地制度改革矫正地方政府对农民土地权利不合理不合法但又极易实际操作的侵害行为。这其中就涉及使农民的土地权利更加强化和清晰，以减小地方政府侵犯的可能性。

三　国家的视角

从国家视角看，我国的土地制度在不同的历史阶段服务于不同的国家战略发展目标。改革开放初期，为了支持工业和城市的快速发展，农村的土地要素基于城乡二元制度不断地低价供给，这样的制度设计是国家工业化高速发展战略所需要的。随着我国工业和城市发展水平的大幅度提高，城乡经济社会已经发生了巨大变化，国家发展战略也由强调工业化发展转变为统筹城乡发展、城市反哺农村,农村经济社会繁荣稳定、耕地保护、粮食安全成为农村发展的主要问题。同时,城镇化和工业化带来对土地资源高效利用的需求,农民的进城必将弱化他自己经营土地和使用土地的产出效率。在多重国家发展战略背景下,调整农村土地政策,强化农民土地权利的同时提高土地利用效率是符合国家根本利益的必然选择。

四 三维视角下农民土地的功能

综上,在当前城镇化背景下,国家、地方政府、农民对农村土地功能的定位并不完全一致且同步,农民的土地承担着自身发展、地方经济发展空间承载、国家发展和粮食安全等多元功能,当前的农村土地制度改革和农村土地权利制度改革不能只照顾一方的利益而忽视其他方的利益,不能只以一方利益为出发点推进改革,改革方向必须兼顾所有利益相关方的诉求,着眼于大局。通过新的制度变迁在国家、地方政府、农民各个利益主体间实现平衡的土地权利构架,才能真正有利于我国经济社会长期稳定发展。基于对土地利益各方功能诉求的分析和当前发展阶段对农村土地的功能定位分析,在多个利益主体中,强化农民的权利、赋予农民更清晰更强的土地权利应是下一阶段农村土地制度改革的重要方向。目前在我国人多地少、经济尚不发达、农村社会保障体系仍不健全的基本国情下,对农民而言,土地不仅仅是过去单纯的生产功能和生活保障功能,在新的经济社会中努力谋求自身发展的农民除了原有的需求还需要从土地中获取财产收益以及支持其长远发展的功能,这就要求土地利用不仅包括生产、空间功能,还包括资产功能。因此由土地功能延伸出的农民基本的生存权、发展权、就业权、社会保障权等权利也都应视为我国农民土地权益的重要组成部分,这也应是当前农村土地制度变迁的最重要方向。

第二节　国外土地权利及价值取向
变迁的经验借鉴

针对我国土地权利制度改革，我国学者主要有两种思路，一是借鉴土地产权概念建立我国的土地权利制度，二是借鉴土地物权概念构建土地权利体系。土地产权理论属于英美法系的产权理论，土地物权理论属于大陆法系的物权理论。土地产权理论和土地物权理论是西方国家主要的土地权利理论。英美法系不强调非常完整的法律体系，而是通过个例判定，在每一个具体个案中比较当事人相互的权利要求，以此作为案件判定的重要参考依据。在英美法中，有关土地权利需要精确阐述时，通常使用"title"进行表述。除了这个概念之外，英美法系还经常使用财产权（property），用来阐述权利主体对权利客体的完全所有权，用收益权（interest）来阐述权利主体通过占有或使用权利客体获得收益的权利，相比所有权，更强调的是利益人的一种获利或好处。英美法体系中"产权"（title）的概念正是来源于英美国家的土地法律中，最早专指土地相关权利，后来在处理其他法律纠纷时类推适用，于是"产权"这一名词适用范围逐渐扩大，在外延上包括了指向财产的各种权能。英美法体系中产权的基本特征是相对性。静态地看，土地产权既指土地实物，也指依托在土地实物上的各种权利。从动态上讲，产权并不特指一种概念和权能明确的权利，很多权利都是产权的相关部分，产权的内容、效力都无法——事先明确。因此在诉讼中，法庭必须具体比较诉讼当事人的具体权利诉求，选择支持相对更合理的权利要求，做出判断。因此，英美法系在判断和支持土地权利时经常采取相对性方式，赋予权利人更加明确和具体的权利。

大陆法系也叫罗马法系，与英美法系相比，它采取制定成文的完整法律的方式作为判定的主要依据。与英美法系的"产权"概念相对应，大陆法系在涉及土地相关权利时主要采取的是"物权"概念，物权和债权是大陆（欧洲）国家的民法中财产权利的最重要支柱，涵盖了各类财产权利的普遍性和一般性等内涵。物权具有最基本的三个特点：一是物权绝对性。物权的权利主体仅有一个，物权的义务就是第三人不侵犯物权主体行使其权利的义务。二是物权的财产性。大陆法系中，物权是民法中财产权利的最核心概念，物权直接就体现为权利主体的财产权利和利益，这些利益通过占有、利用、处置物来获得。三是物权是排他的，物权主体在使用物权中可以对抗所有其他主体。

具体来看，有以下几种模式。

一　英国土地财产权：以对土地实际使用和收益的权利为核心

英国是典型的英美法系国家，其土地权利制度有两个特点，一是土地权利涵盖于财产法权利之中，二是不成文法。1066 年，英国的土地所有权已经明确归于国王所有，实际上也就是国家所有。但是国王所有的土地权利制度在不断的历史演变中，通过法律技术，个人、企业、社会团体和政府机构都可以拥有土地，形成对土地长期的占有和使用权利，实际上弱化了国家所有的主体地位。到 1925 年以后，这种带有明显封建色彩的制度被取消，形成了现代英国土地权利制度。英国的土地权利制度由两个层面构成，一个是国家和政府拥有的对土地的所有权，另一个就是对土地实际占有、使用和收益的权利，因此，在这种权利体系中，对土地资源实际进行支配的并不是所有权，而是使用权以及其他土地权利。所有权不是绝对的所有权，而仅仅表示国王或者政府的统治权。

二　德国土地物权：所有权受到他物权和社会利益的限制

德国的土地物权制度主要体现在《德国民法典》《地上权条例》《住宅所有权和长期居住权法》《农业法》等多部法律之中，其中

《德国民法典》是最主要的法律规范。《德国民法典》中关于土地权利主要包括三项，即土地所有权、土地用益物权和土地担保物权。土地的所有权在德国是比较完全的所有权。《德国民法典》规定只要不违反法律和第三人的利益，土地所有权人就可以自主对物进行处置，但尽管如此，德国土地所有权还是受到许多限制，最普遍的是所有权受到他物权和社会利益的限制。土地用益物权包括地上权、役权和实物负担。地上权即权利人在他人所有的土地上建造房屋并长期使用的权利，通过设立地上权可以实现分离地上建筑物所有权和土地所有权，这两个分离的权利可以分别由两个主体享有。土地所有权、土地用益物权和土地担保物权是德国土地权利制度中最基本也最核心的权利制度，《地上权条例》等其他相关法律对这些权利做了进一步的细化和深化。

三　法国土地物权：从"所有权绝对主义"到"小用益权"

早在 1804 年的《法国民法典》中还没有使用物权这一概念和名词，与土地有关的概念有三种阐述：不可移动自然不动产即土地；附着在土地上因其用途成为不动产的物；以土地为客体的一系列权利，包括土地用益权、地役权等。这三种概念之中前两种其实就是所有权。《法国民法典》规定土地所有权除非法律明确禁止，否则权利主体对土地有绝对的无限制的占有、使用、收益和处分的权利。这种表述是典型的"所有权绝对主义"，随着历史发展，特别是资本主义制度的牢固确立，所有权绝对主义与社会发展需要之间产生了矛盾。为了缓解因为绝对所有权导致社会公共利益受损的问题，法国法律不断地对所有权进行界定。一方面对所有权可以支配的空间予以限定，比如设立空间法，通过法律界定，把连接不断、浑然一体的土地，分离成地上、地下、地表等几部分具有独立价值的权利。另一方面对所有权权能进行明确限制，以数次里昂法院判决为判例，限制了所有权的滥用，使之成为私权行使的一般指导原则。这样，《法国民法典》的所有权绝对主义逐步演变为受到一定限制的所有权。《法国民法典》中也明确规定了用益物权，用益物权所有人使用物和一般所有权人使用物相同，不受他人干扰，是一种独立的受保护的他物权。用益物权主体的主要义务就是不改变权利客体的用途、不破坏权利客体的价值。土地使用权和居住权在法国民法中被称为"小用益权"，《法国民法典》对它们的流通有严格的界定，使用权和居住权都不能出让和出租。因此也可以说法国土地使用权和居住权是"效果减弱的用益权"。

四 意大利土地物权：明确永佃权为独立物权

意大利的土地物权制度主要体现在《意大利民法典》中。《意大利民法典》关于土地权利制度主要有两个方面的安排：所有权和他物权。意大利的土地所有权是一种受限制的所有权，主要受到四方面的限制，一是基于公共利益的一般限制和相邻权限制；二是其他具体物权的限制；三是乡村土地所有权调整；四是所有权人必须接受基于公共利益而统一改造费用的义务。意大利的土地他物权主要包括用益物权和担保物权，这两个权利是意大利土地权利体系中的最主要内容。用益物权有地上权、永佃权、使用权、建筑居住权、收益权等几种。担保物权主要有法定担保的土地先取特权和意定担保的抵押权。在上述权利中永佃权具有比较特别的意义。永佃权是通过交付租金经营他人所有的土地的权利。永佃权在大部分国家随着经济水平的提高逐步退出历史舞台，但是意大利却在1942年的民法典中对永佃权进行了强化，用20多个条文予以规定。意大利的永佃权是独立的物权，对于设立永佃权的土地，有三种人能够得到土地的永佃权，即永佃权人、土地所有人和永佃权人的债务人。永佃权权利主体享有由土地产生的天然孳息、地下权等权利，还可以将自己的永佃权进行处分，也可以向土地所有权人购买土地。与权利对应，永佃权人的义务也很明确，如改良土壤、缴纳税款、不得转租土地等。

五　日本土地权利：设立租用权促进土地权利流转

1946 年至 1950 年，日本开展了变革性的土地制度改革，通过不断完善，形成了现代日本的土地权利制度。日本的土地权利制度主要集中在《日本民法典》中。日本土地权利制度有两个集合，一个是所有权集合，一个是土地他项权利集合。所有权权利主体主要包括国家、社会团体、个人或者机构法人。土地他项权主要包括用益物权和担保物权，土地用益物权又有地上权、永佃权和地役权等多种形式。土地担保物权又有先取特权、不动产质权和抵押权等几类。《日本民法典》规定除了法律禁止，土地所有权包含了对土地的所有权利，包括对地上地下的权利。这一表述，单纯而言，似乎是一种绝对的所有权，但其实土地所有权的具体权能怎么实现，在法律中并没有明确阐述。但是按照所有权的一般民法理论，这里的土地所有权应该包括对土地进行占有、使用、收益、处分等权能。但实际上日本的土地所有权也是受到限制的，比如相邻关系的互相限制，土地利用和土地所有分离之后利用人对所有人的对抗等。正是这些限制，构成了日本土地权利制度的特点。日本土地他项权利在土地权利制度中居于重要地位，具有鲜明特色的是地上权、永佃权和地役权。地上权主要指权利主体通过向所有权主体租用土地，可以在土地上进行建筑，并且对建筑物享有排他的所有权。地上标的物不仅是建筑物，也包括树木竹子等植物，但不包括农作物。永佃权，在日本民法中是一个比较复杂的概念。首先是永佃权的历史性。日本在明治维新之前，领主拥有土地所有权，农民通过交付租金的方式来耕作土地，这是日本历史上最早的土地租佃制度。但是这种租佃关系很不稳定，明治维新政府掌握政权之后，逐步展开了对土地领主所有制的改革，在改革实践中形成永佃权概念，并且在民法典中予以确定。如果说封建领主所有制形态下的租佃关系是不平等的租佃关系，永佃权人完全无权，经过改革之后在民法典中予以规定的永佃权就是一种相对而言保护农民小土地所有关系、比较具有平等精神的土地权利制度。永佃权制度实现了耕者有其田的农民基本意识，在日本历史上具有重要意义。其次要理解永佃权制度在日本日渐衰微的社会经济背景。永佃权实现了小土地所有，但是随着社会经济发展，随着工业化和科技进步，土地自耕与土地经营规模效益的矛盾逐渐凸显，客观上提出了集中耕作的需求。要集中耕作，必须解决土地所有和土地利用这个突出矛盾。日本的《土地租用法》设立了租用权，比较好地解决了这一矛盾。按照《土地租用法》的规定，经营大户或者经营能力比较强的农户向小农户租地，流入城市的农户也可以把土地租或者承包给这些农业大户强户，实现了土地使用权的流转，法律上是土地租用权利物权化。这样永佃权随着历史进步逐渐衰退。这和我国所处经济社会发展阶段和当前农村土地制度改革背景极为相似。

上述英国土地权利制度是典型的英美法系财产权利制度，法国德国是典型的大陆法系土地物权制度。几个国家的土地权利构造和权利制度的发展趋势，对明确我国农民土地权利的价值取向和改革思路有着重要的借鉴意义。

第三节　当前城镇化背景下农民土地权利的价值取向判断

土地改革以来，我国农村的土地权利制度经历了四次大的变迁。第一次，1947 年到 1952 年，土地改革实行了土地私有制度。这次变迁依靠政权力量推动，破除了旧中国封建土地所有制，实现了农民"平均地权"的革命目标，法律上土地权利归于农民个人。第二次，1953 年到 1958 年，农民土地私有向公有转变。在强大的政权力量推动下，初级农业合作社、高级农业合作社在短暂的时间内以农民土地入股的方式淡化了私有性质，迅速向公有转变。第三次，1958 年到1978 年，农村土地确立了公有性质。1958 年实行"政社合一"的人民公社制，农村土地在法学意义上成为完全的公有制，笼罩在合作社制度外面的土地股份等外衣全部剥离，农民土地权利从土地上基本消亡。在国家实行计划经济体制框架内，集体土地所有权的控制权实际上掌握在国家手中。法学意义上农民对土地所有、占有、使用、收益、处分等权利实际上直接受到国家的强势支配。第四次，1978 年以后，农地土地实行集体所有制下的家庭联产承包责任制，这种体制在法学意义上是两权分离的双层构架。即土地的所有权归农民集体，同时土地的实际利用权归农民个体，两种权利并存在同一块农村土地上。在这种制度框架内，农民重新获得了部分土地权利，主要是对土地的实际使用权利，包括耕地承包经营权、宅基地使用权以及其他集体土地收益权利。但是农民土地权利依然存在法学意义上的不完整、不明晰。

农民土地权利是土地法律制度的核心。一般而言，土地权利是指权利主体在法律允许范围内对土地行使支配的权利。对土地支配的权利主要包括四项基础性的权能：占有、使用、收益和处分。在几种权利中，占有权是其他权利的基础，指的是对土地实物的实际控制，占有土地的主体不一定是土地所有权人。使用权是权利人在法律允许范围内通过经营利用土地取得收益的权利。土地的收益权没有特定的概念界定，是个权能比较模糊的权利，是将土地作为财产而获取附加经济效益的权利，包括耕作土地获得收入，也包括出租土地获得收益。对土地的处分权包括两种，一种是直接对土地实物进行处分，包括改造、变化。另一种是对土地权利的处分，如将土地使用权转让给其他人，是一种法律意义上的处分，本书中所说的处分大都指向这一概念。占有、使用、收益、处分四项基本权利内涵，属于我国农村和农民土地权利的基本法学内涵。通过前文分析农民在市民化过程中的诉求变化和借鉴国际上其他国家的经验，当前的土地权利应体现以下价值取向。

一　由重"绝对所有"向重"物的利用"转变

土地权利制度是经济社会发展的体现，随着经济社会发展，土地权利制度要进行相应的改变，这是基本规律。在我国土地权利立法过程中也体现了这一规律。土地改革构建了以土地私有为特点的土地权利制度，合作化、人民公社化构建了以土地公有为特点的土地权利制度，联产承包责任制构建了所有权和使用权分离的土地权利制度。从我国土地权利法学构造演变和现状中不难看出，土地所有权的配置一直在我国土地权利框架中居于最核心地位，其他权利都由所有权派生而来，遵循的是典型的罗马法，以个人主义为立法思想，强调土地的所有而非利用，这种物权制度是简单商品经济在法律上的反映。随着现代社会的发展，商品经济越来越复杂，单纯强调保护个人权利、以所有权为核心的物权制度由于限制了非财产所有权人对物的利用，降低了经济社会的整体效率，越来越不适应当代的经济社会发展。土地作为稀缺资源更是如此，因此，参考日耳曼法，主张土地所有权的相对性而非绝对性，形成以"物的利用"为中心的土地权利制度，建立兼顾所有者和使用者两方利益的土地权利制度应是我国在当前阶段的价值取向，实现土地权利从"物的所有"向"物的利用"的立法思想转变，是我国经济社会发展的必然选择。

二 由重"静态土地权利"向重"动态土地权利"转变

由于我国的土地制度和土地权利体系是以土地所有权为核心的，其他土地权利都由对所有权或使用权加以限制而产生，这种土地权利制度安排只能体现固化的权利主体（也就是农民）对土地资源配置和利用的静态的权利，无法体现对土地资源利用的动态的要求。我国现行立法也体现了这一取向。由于土地权利的静态规制，在农民长期处于"半城镇化"状态下，"人地分离"、经营规模过小，土地利用并不能非常充分，土地资源的经济和社会效益无法充分发挥，农民、国家的利益都受到损害，这有悖于土地的社会属性，不是土地权利立法合理的出发点。因此，如果所有人都不能充分合理地利用土地资源，土地权利制度必须从重视维持土地的静态所有关系，转向建立土地动态利用关系，为经济社会发展带来更高的收益，使得土地利用效率受到社会的普遍认可。

三　由重"实物形态"向重"价值形态"转变

随着我国经济社会的发展和土地资源的稀缺性，农民对土地权利的要求不应仅仅理解为对土地实物形态的占有、使用和支配，更应包括对土地价值形态的利用追求。要赋予农民更加丰富的土地权利，明确并赋予土地权利更多的"价值形态"是必要的价值取向，对基于"价值形态"的土地权利也可以更清晰地在国家、集体和农民间分配。

第四节　当前城镇化背景下农民土地权利的规范性质

一　农民土地权利是农民的法定权利

我国农村的土地制度从土地改革开始经历过数次变迁。土地改革消灭了封建土地所有制度，无地少地农民在革命中得到土地。但是依然是土地私有，制度本身没有发生重大变化。从1954年初级社开始，土地作为生产资料从农民私人手中转到集体手中，土地集体所有，集体劳动、集体经营。从1979年开始农村实行联产承包责任制，在没有改变农村土地使用权性质前提下，农民获得了承包土地经营权，土地由农民自己经营管理。我国土地制度变迁与土地立法相适应。新中国成立前的土地法大纲，新中国成立后的《宪法》《土地管理法》《农村土地承包法》《物权法》等法律确定了农民土地的法定权利。

从1979年开始我国农村实行联产承包责任制，经过40年不断改革，确立了农村土地制度。现行法律体系从四个维度确立了农民的土地权利。第一是土地所有权。农村的土地属于集体所有，法律上界定了农村集体的三种形态。即以村为单元的集体、一个村内以村民小组为单元的集体、以乡镇为单元的集体。尽管集体概念有虚化泛化的问题，但是集体概念仍然具有明确的排他性和内涵确定性。集体对农村土地明确的排他性和内涵确定性是农民行使土地所有权保障土地权利的基本条件。第二是土地承包经营权及其流转权。1979 年农村开始实行土地承包经营责任制，2003 年土地承包经营正式立法，农村土地承包经营权进入法制化轨道。土地承包法和其他相关法律构架了土地承包经营的核心内容。具体有：一是农民以家庭为单位承包本集体所有的土地进行生产经营。二是农民的承包经营权包括对土地的占有、使用和收益权。三是农民的土地承包经营权可以有条件地流转。四是承包经营权是农民的基本权利也是长期权利，国家予以保护。土地承包经营制度成为农村的基本土地制度，也是我国农村将长期实行的基本经济制度。第三是土地的用益物权。2007 年《物权法》中农民土地权利第一次被赋予物权的内涵。物权法把农村土地承包经营权和宅基地使用权界定为用益物权，即农村土地承包经营权和宅基地使用权是具有占有使用和收益的权利。第四是宅基地使用权。宅基地使用权是农民的一项基本土地权利。尽管现行法律法规和政策框架基本上还在福利性、社会保障性之内，但是随着宅基地用益物权的落实可扩充，宅基地及其上建造的房屋的财产性也会凸显出来，成为农民的财产性收入来源。农民是我国社会的主体，保护农民土地权利是社会主义新农村建设和城镇化建设的重要内容。农民的土地权利首先是一种法定权利，农民通过法律赋予的土地权利实现和保障自己的正当利益。任何侵害农民土地权利的行为都是法律所不容许的。

二　农民土地权利是体现平等的公民权利

经典社会主义经济理论认为，公民权利平等有两个最重要的内容，一是生产资料占有公平，二是等量劳动获得等量收入公平。改革开放之前，我国长期实行计划经济模式，在计划经济模式下，公有制和按劳分配在形式上实现了人与人之间的权利平等。农村土地以集体共有形式实现了生产资料占有平等，集体劳动、集体经营、按工分分配形式上实现了收入分配上的公平。但是这种以生产资料占有平等和劳动分配平等为主要内容的权利平等是以普遍的效率低下和强势的制度约束为代价的，有时甚至不得不牺牲最基本的温饱。

改革开放40年，我国已经基本上构建了社会主义市场经济体制和市场经济秩序，市场经济秩序在资源分配和收入分配两个方面与计划经济秩序有着截然不同的内容，如何在社会主义市场经济体制与秩序中实现新的权利平等是农村社会发展中面临的新问题，也是农民土地权利面临的新问题。概括而言，这些问题可以归结为以下三个方面。首先是坚持和完善农民土地所有权和承包经营权。农民的土地权利是我国改革开放进程中最大的成功。历史已经证明，正是由于农村改革赋予农民土地权利农村生产经济才出现了大发展大繁荣。农村的改革、农村的发展撬动了城市的改革与发展，实现了我国经济社会的高速发展。所以，坚持和完善农民土地权利不仅是农村社会、农民群体的要求，也是我国经济社会发展的基本要求。其次是扩展农民土地权利空间，实现农民土地权利保值增值。农民的土地权利包括土地集体所有权、承包经营权、宅基地使用权等权利，这些权利既是现实的土地权利，也应是农民财产增值的途径。要设定法律政策扩展农民土地权利的空间，建立农民的土地财富（如承包经营权、宅基地使用权及地上住房等）与城市居民财富同样的流动和增值体系，平等地实现土地权利扩展和增值。最后是分享城镇化发展红利。在计划经济时期，农村支援城市、农业支援工业，农村、农民为我国经济社会发展和稳定做出了巨大贡献。改革开放以来，在城镇化发展进程中，农民付出了大量的土地资源和劳动力资源，做出了巨大的牺牲。当前，我国的工业化城镇化已经取得巨大成就，基本完成了城镇化、工业化的初期积累，国家应当高度重视农民权利。这种权利是平等发展的权利，是与长期贡献与牺牲对等的权利。城镇化发展离不开农民的土地，离不开农民的劳动，农民理所当然地应当享有城镇化发展的红利，这是农民平等权利的基本要求。

三 农民土地权利是包含自由处分的财产权利

农民土地权利是法定权利，也是农民基本的财产权利。土地权利法制化是农民土地权利最确实的保障。但是，基于土地权利的平等要求、限制土地过度集中的社会要求以及限制土地非农使用的政策要求，农民的土地权利还有诸多条件约束。这些条件约束，对于保障农民基本土地权利具有积极的肯定的意义。但是，随着我国经济总体上工业化城镇化发展、农民市民化进程加速推进以及社会主义市场经济秩序的进一步发展与完善，这些条件约束固化了农民的土地权利，限制了农民土地权利的增值空间，限制了农民基于土地的财产权利的扩展与财富的增长增值。在这个意义上，出现了农民土地权利的贫困。这种土地权利贫困实质上是市场经济自由权利与农民土地权利固化矛盾冲突的结果。市场经济是以市场交换作为资源配置的基本方式，个人自由处分权利是市场交换得以进行的前提，财产自由处分权利是市场主体参与市场活动的第一要件。农民根据自己发展的需要，对自己手中的土地可以进行耕作经营、自己居住，或者通过合理的市场手段转让给更加有市场效率的主体来使用，农民的土地财产收益在提高土地利用效率中得到增加。但是，当前农民土地权利有如上述几个方面的约束，实际上限制了农民土地在市场中自由地处分。这种制度设计和法律建设滞后造成了农民土地权利贫困，影响农民土地权利的自由处分。保障农民土地权利既要重视保障其土地基本权利，更要保障包含自由处分财产权利在内的土地权利，这个权利只有在市场经济秩序中才能得以实现。

四 政府有义务通过制度供给保障农民土地权利的具体实现

随着我国经济社会的发展，特别是城镇化的快速推进，农民土地权利出现了制度性和法律性贫困，当前对于农民土地权利贫困的认识理论上实践上还存在差异，但是从政府层面而言，保障农民土地权利的实现的大方向是一致的。在国家层面，如何保障农民土地权利以及实现权力最大化最优化，以下三个方面是首先要做到的。第一是充分尊重农民的土地权利，尊重农民在农村经济发展与城镇化进程中的重要作用。第二是全力保护农民的土地权利。如使用权、收益权。第三是扩展农民土地权利空间，促进农民土地财产的最大增值。政府应更加充分地明晰农民土地权利的内容，明确农民土地权利实现的途径，政府在控制资源的有效率地配置、合法财产的自由运用等方面，有着不可推卸的法定公共责任，农民的土地权利的实现和保障在国家制度安排下，在政府和市场合理均衡的框架内进行，是由我国基本国情所决定的。

第五节　本章小结

第一，在当前经济社会发展背景下，农村土地权利制度和农民土地权利的价值取向应该由重"绝对所有"向重"物的利用"转变、由重"静态土地权利"向重"动态土地权利"转变、由重"实物形态"向重"价值形态"转变。第二，农民土地权利应"体现平等"和"自由处分"，当前制度供给必须对农民正当的土地权利价值追求给予回应。

第六章　农民土地权利制度
改革的思路

本书前面几章对我国土地制度的变迁进行了梳理、对农民在市民化进程中的土地权利贫困状况进行了分析和刻画、对农民土地权利诉求进行了实证研究、对当前制度变迁的价值取向进行了规范性研究。本章将基于以上研究基础，厘清改革的内在逻辑，提出改革思路，并分析基于所提出改革思路上的具体土地权利的内涵。

第一节　改革内在逻辑之厘清

对改革问题的探讨必须建立在内在逻辑分析的坚实基础之上，科学提出改革思路更要先厘清改革的内在逻辑，明晰改革要对治的主要问题和解决的主要矛盾，以此为目的，本节将以递进的关系阐述当前为何必须推进农村土地制度和农民土地权利改革以及如何思考农民土地权利变迁的内在逻辑。

一　权利制度变迁必须契合经济社会发展演变

经济的发展会带来各类资源的重新分配和利用，社会格局也会随着经济发展而发生变化，基于经济和社会的双重变化，整体经济社会的利益形态和利益关系就处于一种动态的变化之中。这种形态变化包含了由于经济社会发展带来的总量上、绝对性的提升和优化，同时也包含了由于经济社会发展自身无法做到绝对平衡而产生的新的利益诉求，这些新的利益诉求不仅对利益形态关系中的绝对值形成影响，也对利益形态中的相对关系提出要求。原本与旧制度契合的利益形态随着这种动态发展逐渐演变为新的甚至完全不同的利益形态，利益关系也随之由原来的平衡或较为平衡变为不平衡或者严重失衡，此时，这种新的利益形态就与旧的制度间产生了巨大的摩擦，这种摩擦具体到现实经济和社会中根据程度不同表现为各类社会矛盾和经济问题，整个经济效率和社会福利将受到严重影响、倒退或破坏，这些矛盾和问题如果长期得不到解决或者缓解，新的经济社会及利益形态长期处于失衡状态、新的利益诉求得不到回应，新的经济社会形态必然将以非常激烈的方式纠正制度偏差，这正是我们要解决的问题。

因此，经济社会发展演变带来的新的利益形态与旧的制度供给间的摩擦，就是制度供给调整或者制度改革的出发点和基础，制度调整和改革的方向就是缩小二者间的摩擦，解决二者间存在的差异，以此来重新契合新的经济社会利益诉求，最终实现友善的、平衡的经济社会利益形态。在这种形态下，利益结构更加平衡、利益主体更加清晰、以利益为纽带的社会阶层流动性更大、利益诉求表达更加高效、社会矛盾得以缓解。而权利制度的变迁和调整正是各类制度供给中最为关键和核心的方法，在找准方向的前提下权利制度的变革可以以直接的方式调整制度对经济社会利益诉求的契合度，可以非常有效地缩小新的利益形态与旧的制度供给间的差异。农民土地权利的调整也必须遵循上述制度供给的基本逻辑，这也是本书讨论农民土地权利制度改革对改革基础和必要性的重要判断。因此，下文将按此逻辑对"当前经济社会利益诉求和利益形态发生了什么变化"以及"在新的经济社会利益形态下农民土地权利制度供给处于何种不匹配状态"进行逐层分析。

二　城乡经济社会形态发生了重要且本质的变化："静态二元结构"已转换为"动态二元结构"

从第三章对农民的土地权利现实状态的分析，得出农民土地权利总体上呈现贫困状态的结论，从第四章对农民对其土地权利诉求的分析，得出农民诉求和制度供给间存在着巨大的偏差，可以说，农民土地权利制度在经济高速发展中、在二元结构惯性行使中早已不符合新的社会发展格局，农村土地制度供需已经处于严重不平衡的状态，比起很多人认可的"集体土地所有的制度设计缺陷是导致农民土地权利受限制的最重要原因"的观点，笔者更加认同和坚持的是，以上这些问题的产生更多的是由于经济社会发展演变和利益格局发生了重大变化，而制度供给不能及时匹配。当前研究和考虑农民土地权利问题，绝不能在静止状态下进行观察，对待和审视农民土地权利问题必须将其置于当前经济社会发展的新格局中，经济社会发展新趋势和利益新格局中影响最大、最重要的就是城镇化进程，对农民本身来说，就直接表现为农民市民化进程。

在这个演变过程中，最突出的特征就是城乡"静态二元格局"演变为"动态二元格局"，现行的制度和农民权利是在"静态二元格局"中产生的。所谓"静态二元格局"是指由国家层面的制度对城市居民和农村居民分别进行不同的管理，这种管理依据户籍进行严格区分，城市居民和农村居民所拥有的各类权利在这种严格区分管理的制度下呈现出巨大的差异。在改革开放前，我国就是以"静态二元结构"形成农村和城市两个互相隔绝的独立部分，除了特殊的国家项目和政策，不存在大规模的农民在城乡间流动，此时，通过土地所有权和使用权的分离实现了对经济社会发展和利益格局的契合，"二权分离"是符合当时的经济社会发展要求的，事实也证明，土地联产责任承包制解放了农村活力、解放了农民生产力、极大地促进了我国经济社会发展。

而随着"静态二元格局"演变为"动态二元格局"，并且此动态过程将长期存在，成为我们面临的经济社会新格局。在这个新格局中，如何回应农民对其土地权利的新且强烈的诉求与如何提高农村土地资源利用效率成为经济社会发展首要面临的问题，在旧的制度中，二者往往表现为直接冲突，这种冲突直接导致各利益主体间权益分配的不均衡、各种权利侵害活动、土地资源利用效率低下等，也引发诸多社会矛盾。

另外，城镇居民也对去农村创业"回得来""留得下"充满向往，尽管农民向城市集中仍将是最主要趋势，但动态二元还包含了，企业、城镇居民向农村的流动而城乡"静态二元格局"演变为"动态二元格局"的根本原因是，随着经济社会发展，基于前文分析，利益形态开始演变，资源配置开始不平衡，农民仅依靠其农民身份获得的资源已经无法满足其在新的经济社会阶段的生活发展需要。所以很显然，农民除了要利用手中依据其农民身份获得的资源，还必须进入城市利用其他资源，而基于我国的基本国情，农民数量庞大，城市资源有限，城市为农民提供的资源稳定性和充足性并不高。因此，农民必须同时保持进入城市和返回农村的自由和权利，只有如此，社会才能稳定发展。这也正是农村问题研究必须认清的基本事实，即城乡"静态二元格局"已经演变为"动态二元格局"，而且这个"动态二元格局"将持续很长一段时期，权利制度必须通过变迁来契合这样一种新格局，这也正是缩小新格局和旧制度间差异的方向。

三　现行农民土地权利制度与新常态的城乡"动态二元结构"间出现巨大摩擦和明显失衡

由于城乡经济社会格局和利益形态出现了明显的演变，从"静态二元结构"演变为"动态二元结构"，因此分析农民土地权利与相关的经济社会发展和利益格局间的契合度，也要依此分为两个阶段。首先是农民土地权利制度与城乡"静态二元结构"的契合度分析。新中国成立初期，我国处于战争后的满目疮痍状态，对于国家来说最为重要的就是迅速发展工业，因此实行了以"城乡分治"为核心方式的"农业支持工业、农村支持城市"大战略。在国家战略下，各类资源集中向工业和城市倾斜并逐步固化，农民的利益被大大牺牲，但同时我国工业水平迅速提高，为新中国成立后的经济社会稳定起了重大作用，而现行农民土地权利制度就是产生于当时的经济社会需要，农民不需要城市满足其需求，城市也无法容纳大量农民，农民通过其土地权利获取其生活生产的资料，此时农民土地权利制度与"静态二元结构"高度契合。

但是随着我国改革开放政策的实施，我国的经济社会进入突飞猛进的发展阶段，生活物质水平大大提升，尽管城市与农村无形的墙（社保、户籍等）仍然存在，但城市对农村的影响却早已无处不在，农民对生活和自身发展的需求已经无法单纯从农业社会获得，因此随着农民进入城市，"静态二元结构"演变为"动态二元结构"。上文已经分析，当前只有在"动态二元结构"中，农民生活和发展的基本需要才能被满足，社会也才能稳定，而农民土地权利制度仍然保留"静态二元结构"中诞生的基本特征，即通过赋予农民静止的土地权利，将农民固化在土地上，固化在农业上。而这显然是违背历史发展方向的，是违背经济社会发展趋势的，也必然是不符合当前"动态二元结构"需要的。因此，随着"静态二元结构"演变为"动态二元结构"，农民土地权利制度与新的经济社会形态间产生了巨大的非均衡性。更直观和宏观地来看，由于长期施行重工业优先发展的"经济赶超"战略，农民权利在经济发展进程中并没有受到重视甚至遭到不公平对待，致使农民虽然和城市居民同是社会主义建设者，同为中国经济繁荣的缔造者，但其经济地位却是极其低下的；权利作为社会上层建筑受到经济基础的制约与限制，经济地位的低下又进一步使农民在社会利益格局中处于劣势地位，甚至形成了明显的马太效应，农民已经成为社会的弱势群体，这将严重制约我国经济社会的发展。可以说，这是中国最基本的国情，没有七亿农民的富裕，就不可能实现中国的现代化。

要实现 7 亿农民的富裕，关键在于保护农民权利，而土地权利是农民的根本权益，因此必须把保护农民土地权利摆在国家经济发展和现代化建设中的重要地位，制度变迁必须契合和顺应这一趋势。

同时，土地权利的安排直接影响到农村土地制度的公平与效率，关系到农村土地制度的绩效以及农民土地权益的实现。随着"静态二元结构"演变为"动态二元结构"，农民手中土地资源的利用也发生了明显变化，农民进城务工生活，农民无法再用过去的模式来经营土地，通过农民土地权利的改革或创新使农民在进城后其土地资源利用效率不降反升、得到提高，是农业现代化的需要，也是保障农民土地效益的需要。

可见，土地权利问题是农村土地制度变迁或创新中的关键问题。随着经济社会的发展和利益调整演变，农民对其土地权利进一步明晰化的制度需求及建立在之上的利益调整需求日益强化，农民土地权利的呼声越来越高，清晰、稳定、可实现的土地权利是农民土地权利保障的客观要求，也是社会主义市场经济发展和全面建设小康社会的内在需要。

四　契合对土地权利的多元诉求是当前农村土地制度变迁的首要取向

基于上文分析，从农民角度来看，农民处于动态的市民化过程中，其对生活和发展的要求促使他去城市就业并获取工资性收入，但由于我国整体经济发展水平和城镇化历史经验，城市对农民市民化的接受不可能一蹴而就，没有能力接受全部农民进入城市生活，因此，农民群体将会长期处于一种"半城镇化"的状态，农民对其土地权利从"静态二元结构"中通过占有土地、经营土地获得收益的"单一诉求"演变为"动态二元结构"，既要保证自己在土地上的长期权利和长远预期以应对市民化过程中的各类风险，还要通过对手中的土地权利市场化配置增强土地财产性以获得更多土地收益（见图 6 –

1）。这个判断在第四章农民土地权利诉求实证分析中得到证实，这是当前农村土地制度变迁和农民土地权利制度改革要对治的主要问题，也只有契合了农民在发展中对土地权利的多元诉求，农民土地权利受侵害和土地资源利用效率低下的问题才会在实质上得到解决，这些问题既表现为几个不同的问题，但也是同一个问题，都是制度安排与经济社会发展需要的滞后。

综合以上全部分析，在新的"动态二元格局"中就农民手中的土地来看，一方面，农民尽管不再固守农村，要通过进入城市利用其他资源，但由于目前城市提供的资源无法满足农民的全部需求，因此进入城市的同时他们还要求保有土地权利以应对市民化过程中可能出现的各类风险（涉及个人能力、经济发展速度调整、城市容纳能力等问题）；另一方面，由于农民长时间在城市居住生活，土地与农民之间出现了事实上的物理性的"人地分离"，农民无法高效利用其土地，农民保留的土地必须通过让其他主体利用来提高土地资源利用效率、

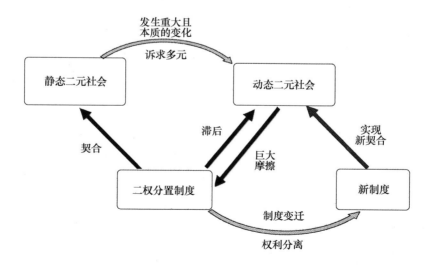

图 6-1 改革内在逻辑关系图

增加土地财产收入和社会效益，而其他主体对土地的利用既不能影响农民和集体在土地上的长期权利，其在土地利用过程中的权利也需要得到保障。这些制度需求长期得不到满足，是产生前文中分析到的多种问题的根源，尽最大可能同时满足这两类制度需求就是当前制度变迁所应选择的方向。

第二节　当前农村土地权利制度变迁的路径

依据上文分析，土地作为一种重要的社会财富，是影响经济社会发展和利益格局演变的重要因素，当前在农村土地所有制度改革和农民土地权利问题上，必须非常谨慎。必须指出的是，我们不能为了过分追求理论上的清晰化，不充分考虑国情民情，集体土地所有制和农民土地权利的改造，决不能仅是对外国模式的简单模仿，而不考虑我国的基本国情、经济社会发展水平和基本利益格局的硬性制约。近年来国家的多份中央文件也均强调"不得改变土地集体所有性质"，这种政策导向同样表明在当前只能对集体土地所有制进行修改和完善，关键是要探索土地集体所有制的有效实现方式，而不是用别的所有制去取代它。另外，市场经济以平等保护各种财产权利为基础，集体所有制并不违背这一原则，也就是说，集体所有制是可以和市场经济兼容的，现在集体所有制还是有出路的，主要是要探索集体所有制的有效实现方法。所以从我国基本国情和对制度的理性选择出发，农村土地制度改革和农民土地权利改革必须立足现实，以解决当前主要问题和契合现实需要为目的，在土地集体所有的大框架下，根据制度需求，明晰农民具体的权利是什么，以及如何实现这些权利。

一　从"二权分离"迈向"三权分置"：以契合农民诉求为原则对土地权利在各权利主体间再分配

在当前经济体系中，经济制度的核心就是产权被如何界定并得以实现。从微观来看，产权直接影响甚至主宰着某个经济主体的利益，从宏观来看，产权决定着整个经济体系的运行和发展。而产权制度是对各种产权及产权间的关系的具体安排，通过这种安排影响各种产权发挥作用的范围和大小，进而在经济活动中对相关的产权主体分别形成影响，最后传导为对整体经济运行效率的作用。不论是从国外土地权利价值取向的变迁来看，还是从我国经济发展和农民发展的现实来看，产权权利束中最为重要和最为核心的不是绝对的所有权，而是收益权（第二章中已进行了论述，此处不再赘述），产权束中所有的权能最终都是为了获取收益，可以说收益权是其他权能的归属。农村土地产权也不例外，笔者认为，农村土地产权的根本就在于实现各项产权权能对应的收益。因此，虽然农村土地产权被界定为一个完整的产权权利束，但在经济社会发展和农民自身发展的背景下，在实际的经济活动中人们往往需要基于权利收益的清晰化将土地产权权能进行分离。通过土地产权权能清晰界定并进行分离，同时对如何实现这些权利进行明确有效的安排，达到权责清晰、权责利三者统一的目的，使各权利主体各尽其能、各得其利，最终提高土地资源的配置效率。

我国土地产权分离带来的效率的提高，首先表现在土地产权第一次分离——土地所有权与使用权的分离上。第二章中已经分析，新中国成立以来我国农村土地制度发生了三次重大的变迁，合作化运动和人民公社化运动制度变迁后的经济绩效处于非常低的水平，而家庭承包制的制度变迁后经济绩效、农民生活都有了质的变化。我国农村土地制度的这一次极为成功的重大变革本质上就是对原本归为一体由集体拥有的土地产权束进行了分离，将土地产权束分为所有权和使用权，所有权仍然归集体拥有，而使用权分离出来分配给集体内的农民，通过权利分离将土地上的收益分配给集体和农民两个主体，满足了当时经济社会格局中集体和农民对土地上的收益分配各自的诉求，而这就是成功的有效的制度变迁的核心。因此，笔者认为，当前农村土地制度创新并不是颠覆土地集体所有制，而是要继续对土地上的来自不同主体的利益诉求进行第二次剖析和细分，并且厘清这些利益诉求间的关系，依此将土地产权束进行相应的分割并对分割后的权利赋予具体的权能，将这些分割后的权利赋予对应的主体，满足其对土地收益的诉求，契合当前经济社会新格局对土地资源的需求，这应作为当前改革的逻辑和方向。

当前农民对土地的使用权权利束实际上主要包括了农民基于集体身份分配土地的权利和占用、使用的权利。这些权利对应的收益和需求在"静态二元结构"时是一体的，即农民从集体分配而来土地，其目的和用途就是通过自己使用土地，获得收入，保证生活需要。而随着"静态二元结构"演变为"动态二元结构"，原本一体化的收益和需求开始明显分化，农民不再固守农村，农民进城打工获得工资性收入保证大部分的生活需要，农民对土地的这部分诉求弱化，但同时农民仍然要求保有他们的土地权利以应对市民化过程中可能出现的各类风险（涉及个人能力、城市接纳能力等问题）。与此同时，由于农民和土地出现了物理性的"人地分离"，农民通过直接使用土地获得收益的诉求弱化，而且产生了新诉求并且越来越迫切——要求强化其土地的财产属性和市场化属性，也即要求通过市场化手段将土地必须转让给其他主体实际利用来获得财产性收入和土地收益，而其他主体对土地的实际利用又不能影响农民在土地上的长期权利，即土地对农民的保障作用不能受到破坏。此时，这两个诉求就体现为两类独立的权利，一类权利是要保证农民对土地的分配权和长远土地权利预期来满足农民抵御风险的需求，另一类权利是要通过转让给他人实际使用土地来增加农民的财产性收入和土地收益。

很明显，在现行农民土地权利制度下农民手中的土地使用权是一个固化的静态的权利，只能由一个主体也就是农民来拥有这份权利，也仅能满足农民抵御风险的需求，而无法满足增强市场功能的需求。因此，必须对土地权利进行分离改造，才可能同时契合农民这两大诉求。因此，根据第五章提出的价值取向，将农村土地权利依据土地价值形态在"二权分离"——所有权和使用权分解的基础上进一步分离改造，也就是第二次分解。首先，要满足农民保留部分权利来满足市民化过程中抵御风险的诉求，这个诉求要求保证农民对土地的分配权和长远土地权利预期，也就是说，这个诉求要求稳定并明确集体与农民在土地上的权利关系，只有集体拥有所有权、农民拥有根据集体身份对土地的分配权才能契合农民在市民化过程中抵御风险和社会保障的诉求。因此，集体对土地的所有权和农民对土地的分配权共同保障了农民的这部分诉求。其次，要满足农民在"人地分离"状态下把土地转让给他人实际使用来增加农民的财产性收入和土地收益的诉求，就要求从农民对土地的使用权中分离出来一部分权利，赋予其市场交易功能来实现土地的市场价值，这部分权利可以通过市场配置转让给其他主体使用，如此构成一个动态的土地权利体系和土地利用关系，从"集体"和"农民"对农村土地的"二权分离"迈向"集体"、"农民"和"其他主体"对农村土地的"三权分置"，这就是本书提出的改革思路（见图6-2）。

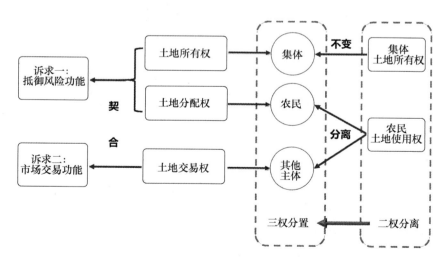

图6-2 从"二权分离"迈向"三权分置"以契合农民诉求

二　"三权分置"思路在农民承包地权利和宅基地权利中的具体表现形式

综合前文分析，从农民的角度看，农民市民化是一个长期的动态过程，农民既要进城利用其他土地资源，同时还要保有他们的土地权利应对市民化过程中可能出现的各类风险；由于农民和土地出现"人地分离"，农民保留的土地必须通过让其他主体利用产生土地财产收入和社会效益；同时，其他主体对土地的利用又不能影响农民和集体在土地上的权利与农民和集体的关系。从其他角度看，随着我国工业化和城镇化的推进，土地作为生产要素因其稀缺性价值预期越来越高，各利益相关者的利益矛盾不断出现，对重构土地权利制度需求也越来越强烈。因此，为满足这些制度需求，在农民市民化进程中，必须在坚持集体所有制的基础上，对农民土地权利进行细分：一部分权利用来体现农民对保留土地应对风险的需求，要稳定农民的这部分权利，另一部分权利用来实现土地资源的利用价值，这部分权利要从农民手里让渡给不限于集体范围内的主体。在这种考虑下，对承包地来说，坚持集体拥有所有权的同时，将农民的使用权也就是承包经营权分离成两个权利：承包权和经营权，承包权归农户，基于农民的集体身份分配而得，分离出来的经营权可通过多种方式流转向不限于集体范围的其他主体。

与承包地类似，"三权分置"的思路可以用来改造农民其他土地权利，包括农民的宅基地使用权和集体土地收益分配权。笔者认为，相较于承包地，用"三权分置"构造宅基地权利可能更为适合。目前不论是理论界还是实践探索中，对宅基地权利还是二分法，将建立在宅基地上的权利分为所有权和使用权，所有权归集体，使用权归个人。事实上，以前乃至现在，法律和政策文件中对承包地权利的区分也是如此，承包经营权就是使用权，尽管在实践中已经有了承包权和经营权分离的探索，但至今在承包合同中仍被记载为一个权利——承包经营权。在宅基地权利二分法的前提下，宅基地的所有权是集体的，宅基地的使用权是农民的，使用权是基于农民的集体成员身份分配而来的。如果农民将宅基地使用权转让给他人，农民就失去了这块土地，而且新的土地使用权主体与集体成员的身份形成纠缠，对"农村集体"的概念造成更大模糊，进而对农村集体所有制造成威胁，这是宅基地和农村住房流转难以受到法律保障的重要原因。农民宅基地和农村住房流转不畅，进而导致宅基地大量闲置，农民难以实现这种财产权利。将宅基地权利也利用"三权分置"的思路进行权利分解和改造，则可能找到解决这些问题的办法。党的十八届三中全会决定提出赋予农民更完整更强的住房财产权，住房和宅基地虽不是同一个概念，但是房地在物理上是不可分割的，强化农民对住房的财产权就必须从宅基地权利构造去着手。宅基地的"底"——所有权是集体所有；农民的宅基地基于其集体成员的身份从集体获得，类似于耕地的承包权，可以暂时称之为"分配权"，这个权利不能自由转让，只能转让给同一集体组织的成员；而与耕地经营权从承包权分离出来类似，宅基地"分配权"可以分离出来"使用权"，这个权利单独或与建于宅基地上的住房构成一个完整的财产权利，农民可以自由处置，用于抵押、担保、转让。与承包地相比，宅基地通过"三权分置"的构造，从宅基地使用权中分离出"使用权"与建于宅基地上的住房构成一个完整的财产权利，农民可以统一处置，房地关系明晰，非常有助于农民实现积累其最大财富的住房上的财产权利。

三 明晰"三权"具体权能内容

农民手中的土地权利进行分离的同时，要对这些土地权利具体的权能和内容进行明晰并法律化，如此才能有效实现制度变迁的目标。农村土地产权是由一系列权利束组成的，通过"三权分置"可以在两分法的基础上明确界定农民土地使用权各项权能的归属及其边界。

第一，集体土地所有权权能。在明确农民对承包地和宅基地权利的同时，还必须强化集体对土地所有权的行使权利，如此才能保障建立在集体所有权上的农民土地权利。一要硬化所有权行使主体。如前所述，尽管法律规定农村土地归集体所有，但是集体仅仅是一个群体概念，并不是一个人格化的权利主体，可以独立行使所有权。所有权主体虚化导致农民权利不完整，是农民权利受到侵害的主要原因。因此，在对农民的土地权利进行改造的同时，还必须通过完善乡村治理体系对集体所有权的行使主体和行使方式进行明确。二要明确界定集体对土地的处分权。从所有权一般概念上来看，对土地拥有所有权就包含着对土地的处分权，但事实上，集体作为农民土地所有权主体对土地并没有实质性的处分权利。农村建设用地并不能像城市建设用地一样使用，只有将农村耕地或者集体建设用地通过国家行政权力征收征用转为城镇建设用地后，将集体所有转换为国家所有后，才能进入土地市场流通，农民集体土地所有权被大大稀释和弱化。未来必须要通过制度改革赋予农民集体对其所有的土地一定的、明确的处分权。

第二，农民对土地的分配权权能。经过"三权分置"，农民的使用权明确分为分配权（或称为"成员权"）和实际占有使用的权利，通过分离，两个权利的权能更加明晰：分配权（或称为"成员权"）不能自由转让，只能转让给同一集体组织的成员，这个权利最重要的权能体现在两个方面，一个是权利的取得，即基于其集体成员身份的分配或者继承，另一个是权利的退出和消灭，如农民进城后主动向集体退还土地，或者因为国家征地、自然灾害土地权利灭失。在向集体退还土地中，农民依据此权利应获得相应补偿；在征地等行为中，农民应依据此权利获得征地补偿。

第三，分离出来的市场交易权权能。随着我国现代经济社会的发展，农民的土地权利受到越来越多的市场化配置，各类农村土地产权平台也逐步产生。但受制于农民手中的土地权利包含有集体成员权这一无法进行市场交换的权能，各类市场机制还很难直接对农民的土地权利进行配置。比如《担保法》规定农民的承包经营权和宅基地使用权不得担保抵押，如果允许抵押担保就意味着农民的集体身份也转让给其他主体，而这会对集体所有制造成巨大冲击，农村土地产权体系也将被彻底打乱。而通过"三权分置"，将农民土地权利中包含有集体成员权这一无法进行市场交换的权能分离出来后，这部分可以被完全物权化的权利可以通过市场化机制进行自由的高效的配置，在一定期限或一定范围内可由农民自由地进行处分，包括转让、抵押担保等处置，农民对这部分权利拥有了处分权，由此这部分权利拥有了真正的市场交易功能。通过对这部分土地权利的市场化配置带来各类可以参与土地经营、农业发展的资源，促进这些资源的高效配套，也使农民切切实实得到实惠。

可见，通过"三权分置"，农民手中原先权利不清、权能不明的土地使用权改造为两个权利明确、权能强化的权利，农民的土地权利通过明晰得到极大强化。如前所述，农民土地权利问题是当前农村土地制度变迁应解决的主要问题，"三权分置"思路可以从多个角度契合农民对土地权利的诉求，"三权分置"思路是解决当前农民土地权利问题的最优选择。

第三节　基于"三权分置"思路的农民土地权利内涵分析

一　在"三权分置"思路下，农民保留其承包地"承包权"和宅基地"分配权"实质上是对公平的体现

基于集体所有制，农民的"承包权"和"分配权"都来自其集体成员身份，这两个权利最重要的价值和作用体现在两个方面。一个是权利的取得，即基于其集体成员身份的分配或者继承。另一个是权利的退出和消灭，如农民进城后主动向集体退还土地，或者因为国家征地、自然灾害土地权利灭失。如前所述，农民市民化进程是一个漫长的、延续的而且是动态的过程。在这个过程中，保留农民对耕地的"承包权"和对宅基地的"分配权"是保障农民抵抗市民化进程中可

能发生的变化和风险的重要制度。对农民的承包地"承包权"和宅基地"分配权"的保障，必须经由法治化的手段实现，由法律分别明确农民对承包地"承包权"和宅基地"分配权"的具体内容、明晰两个权利的权能、具化权利的实现途径。

从公平和效率的角度来看，农民的这部分土地权利，实际上是现行制度下农民的土地使用权中体现公平的部分，它保障了农民最基本的生活需要，这部分权利也正是农民的土地使用权中不适合市场机制进行配置的部分。根据前文分析，基于我国人多地少的基本国情，农民对这部分权利的稳定拥有是我国整个现代化、工业化、城镇化过程中需要保障的。明确地保障农民的这部分土地权利，是农民土地得以避免大规模兼并、农民避免变为"三无"人员（无土地、无工作、无社保）、我国避免出现"贫民窟"问题等的必行之举，甚至可以说，保障农民的这部分土地权利是我国的经济社会长远发展目标得以实现的必要条件。

二　在"三权分置"思路下，市场机制对农民承包地"经营权"和宅基地"使用权"配置实质上是对效率的体现

依据前面几章对理论和实际的分析，依据现阶段农民土地权利改革的价值取向和制度需求，实现农民的土地财产权利是当前改革实践和理论探索的重要方向。事实上，在1986年，我国《民法通则》就已经把农民的承包经营权明确界定为一种财产权，同时对财产所有权的一般规定是，财产权利主体对自己的财产享有占有、使用、收益和处分的权利。实践中，由于受制于集体所有制，承包经营权的处分权一直不能真正赋予农民。通过对农民土地使用权的分离改造，农民对承包地的经营权和对宅基地的使用权可以作为农民的财产权利，由农民享有将这两个权利占有、使用、收益和处分的权利。实际上，农民对承包地的经营权和对宅基地的使用权恰恰也正是原来农民土地使用权中体现效率的部分，因为在现行制度中，体现效率和体现公平的权

利合二为一，市场机制无法对整个农民土地使用权进行配置，通过分离两个部分后，市场机制可以更充分地通过配置这部分权利实现对农村土地资源的配置。尽管仍存在一些理论疑惑和实践障碍，但通过重构土地权利，农民通过让渡"经营权"和"使用权"实现其土地财产权利，同时通过让其他更广泛的主体利用"经营权"和"使用权"实现对土地资源的高效配置。

可以说，"三权分置"是一个重大的理论创新，用于承包地已经得到了决策层的肯定，在现实中也获得了有意义的探索经验。基于理论分析，笔者认为当前应同步探索农民宅基地权利和农民其他土地权利的"三权分置"改革。下文将基于此思路对农民的承包地和宅基地权利实现途径分别进行分析。

第四节　本章小结

本章提出以契合农民诉求对农村土地权利进行改造：集体对土地的所有权和农民对土地的分配权共同保障了农民对保留社会保障和抵御风险的诉求、从农民对土地的使用权中分离出来一部分权利通过市场配置转让给其他主体使用，如此构成一个动态的土地权利体系和土地利用关系，从"集体"和"农民"对农村土地的"二权分离"迈向"集体""农民"和"其他主体"对农村土地的"三权分置"，这就是本书提出的改革思路。在"三权分置"思路下，农民的承包地"承包权"和宅基地"分配权"实质上是对公平的体现，市场机制对承包地"经营权"和宅基地"使用权"配置实质上是对效率的体现。

第七章 "三权分置"思路下的农民土地权利具体实现途径

　　第六章提出了"三权分置"的改革思路，并对农民具体的土地权利内涵进行了阐述和分析，这些具体的土地权利如何在现实经济生活中得以实现既是本书的重点研究内容，也是我们面临的现实问题。本章将根据当前实际经济社会中农民要求最为直接和紧迫的土地权利，根据"三权分置"思路，进一步设计农民土地权利的具体实现途径。

第一节 农民在市民化过程中的承包地权利实现途径

一 基于"三权分置"思路对承包经营权权利再造

　　根据上文分析，按照"三权分置"思路，坚持农村土地集体所有制的同时，将农民的承包经营权进一步进行分离，承包经营权分解为承包权和经营权。承包权由集体内农民个人所有，其他人不能享有，农民也不能将承包权转给集体外主体，承包权主要体现的农民基于集体成员身份承包土地、继承土地、获得征地补偿、退出土地的权利，经营权则主要指经营耕作土地的权利，随着农民市民化，经营权不再由农民单一群体行使，可以由农民自主决定转让给集体外主体行使。总体来看，当前农民通过农地（承包地）实现土地财产权利的方式，主要包含经营权流转、经营权抵押担保和承包权退出三种途径。本书主要就这三种途径分别进行研究并提出政策建议（见图 7-1）。

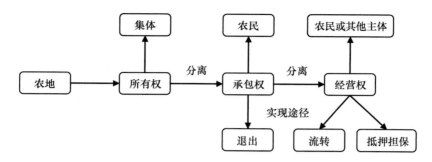

图 7 - 1　基于"三权分置"思路对承包经营权的权利再造

经营权流转、经营权抵押担保、承包权有偿退出是农地承包经营权财产权实现的三种主要实现途径，如何通过这些途径保障农民对承包经营权的财产权利，是当前农地承包经营制度改革探索的重要方向，笔者将对这三种具体权利的实现途径展开研究。

二　经营权流转

（一）当前农民承包经营权流转现状与突出特征

2003 年国家颁布《农村土地承包法》以来，特别是《物权法》颁布以来，承包经营权流转明显加快，承包经营权流转已经呈现出不少特点。这些特点直接呈现出农民在承包经营权流转过程中的权利，应当予以高度重视。

第一，农村承包耕地流转规模呈现扩大和加速态势。全国范围内承包地经营权流转规模呈现扩大态势，扩大的速度也呈现出加快趋势。截至 2014 年 6 月底，全国农村承包耕地流转面积达到 3.8 亿亩，占农村承包耕地总面积的 28.8%。[①] 2014 年上半年流转规模与 2008 年相比，增长了 3.7 倍。

第二，农地承包经营权流转的规模逐年扩大。在农业产业化、规

---

① 数据来自农业部部长韩长赋 2014 年 12 月 4 日在农业部土地流转视频会上的讲话。2015 年 1 月 5 日，http：//www. moa. gov. cn/zwllm/tzgg/tfw/201412/t20141219 _ 4302344. htm。

模化发展和城镇化发展的强大动力作用下，农地承包经营权流转规模也呈现快速增加态势，承包经营权流转规模的扩大反过来促进了农业的产业化规模化经营，规模经营不仅创新了农业经营体制，更为重要的是显示出农业规模经营的明显绩效。这种情况在东部一些经济发达地区特别明显。有的地方把流转农地整合为合作农场，农场内部按照组织工业生产的办法实行程序管理，既提高了土地生产量，又保证了农产品品质，收到了较好的经济效益。这种做法在一定程度上解决了土地集体所有农户承包经营体制下小生产格局与农业产业发展趋势和要求的矛盾，为进一步探索农业经营体制创新提供了思路。从全国看，这种情况还不是很多，但是这种做法提供的方向无疑是重要的。

第三，农地流转的比例全国各地差距很大。总的来看，东部省区农地流转的比例相对较高，西部省区的比例相对较低，中部省区比例处于中间水平。这种情况与各地经济社会发展的总体水平相适应。比如经济发达的北京、上海、江苏的农地流转比例就明显高于全国平均水平，达到40%以上。长三角的个别地区达到了70%以上。经济欠发达的西部地区，大部分在20%以下。尽管这些地区人口输出比例也较高，但是农地流转比例反而不高。东西部之间的差距折射出东西部地区经济结构不同导致的经济总量对农业的依存度不同的实际状况。

第四，农地流转的形式多种多样，股份合作形式已经出现。从全国情况分析，农地流转大概有五种形式，即转包、出租、互换、转让和股份合作。转包就是土地由本集体组织其他成员经营；出租就是土地由非本集体组织成员经营；互换是同一集体经济组织内部成员为了某种便利互相调整承包地实际经营范围；转让比较复杂，从权利让与角度看，转让高于转包和出租，是一种更多的权利让与。股份合作是农地流转的新形式，就是农民以自己的土地作为股份组成合作的经济共同体，有的股东参与劳动或者生产经营，有的股东不参与直接的生产经营，主要是以自己的土地股份参与利益分配。股份合作是规模经营的主要载体。据相关资料，2011 年全国农地转包和出租总量在全部流转土地中占到 78％以上，是主要的流转形式。值得注意的是股份合作的比例也在提升，达到了 6.2％，并且呈现出增长的趋势。①

第五，在农地承包经营权流转过程中，地租已经具有农业成本和农户收益的双重身份。近几年国内外有学者对农地流转的租金情况进行了研究，并且取得了一定的成果。有的研究结论认为，农地承包经营权流转租金在流转过程中同时具备农业成本和农户收益的双重身份。对农地经营权转出农户，地租是农业收益。对承租主体，地租进入农业生产成本。这个结论的意义在于地租进入农民收益构成，间接地延伸了农民对于集体所有的土地的权能。

第六，地方政府是农地流转的重要推动力量。农村土地实行农民承包经营责任制从 20 世纪 70 年代末开始实行，随着农村经济社会发展、农村经济结构变化、城镇化和农民市民化快速推进，以农户为主体的承包经营责任制小块分割经营的模式，不仅不能有效地利用日益先进的农业科学技术，也无法进行规模性经营，获得规模效益，更与农村人口大量流出的现实不相适应。基于这样的认识，国家在政策上对农地流转予以支持，地方政府也理所当然地成为农地流转的推动力量。有的地方制定鼓励流转政策，有的地方建立土地流转有形市场，有的地方提供财政、金融支持。地方政府的这些措施，对于农地流转总体上是具有积极意义的。

（二）农地流转中出现的新问题

农地流转在承包制实行早期政策并不被支持，因而流转是个别的、隐性的。2003 年《农村土地承包法》颁布之后，农民的土地承包经营权流转才从隐性变为显性，政策也从不支持转变为支持，政府的态度也由不鼓励转变为鼓励。尽管有政策支持、政府鼓励，但是各地农地流转的情况千差万别，并不统一。在农地流转推进中出现一些

---

① 张云华等：《中国农地流转问题调查》，上海远东出版社 2012 年版，第 13 页。

新的问题,需要认真研究解决。这些问题有的涉及法律政策层面,有的涉及市场层面,有的与地方政府、乡村政权有关,有的与农民自身的认识有关。这些问题可以归结为以下几个方面。

第一,指导滞后、服务缺位。在全国范围内,一些经济较为发达,农地流转较早的地区政府针对农地流转的服务比较到位,既建立了有形的流转平台,又为农地流转提供了诸如信息集散、政策咨询、社会中介、纠纷调解等多方面的服务。但是在大多数地区,政府对农地流转提供的服务还不够到位,应当提供的服务措施相对滞后。既没有有形的流转平台,也缺少信息集散等方面的服务。农地流转多处于自发、无序状态。由于信息不对等,服务没有跟进,农地承包权流转尽管有市场需求,但农民规范流转的成本较高。

第二,缺乏农民主体权益的有力保障。农民是农村土地承包经营权的主体,在承包经营权流转中应当享有主体权益。但是在实践中农民的主体权益没有得到有力的保障,在有的情况下存在主体权益缺失风险。如,有的村委会干部越俎代庖,直接代行农民土地流转权,全部或者部分剥夺农民的参与权。有的村干部故意或者习惯性地隐瞒流转政策、流转内容、流转合同等重大事项,一定程度上损害了农民对土地流转起码的知情权。由于信息不对等,主客体经济社会地位存在差异,农民在土地流转中处于弱势地位,有的地方农地流转中存在明显的价格低廉、分配不合理、土地增值收益不高等问题,严重损害了农民在土地流转中应该得到的利益。即使在股份合作形式的土地流转活动中,农民土地的股份权益也不能够完全实现。

第三,土地用途有被改变的风险。我国农村土地有着严格的土地用途管制,这种管制的主要政策目的是保证国家基本农田数量和国家粮食安全战略。但是在有的地方进行的农村土地承包经营权流转,流转土地的非粮化和非农化倾向非常严重。不少农地流入主体放弃了比较收益较低的粮食作物种植,改种收益较高的水果、花卉等作物。这种情况在东部、中部地区的经济较为发达的地区比较突出,西部地区相对不明显。流转土地"非粮化",直接造成我国粮食种植数量的损失,给国家粮食安全战略带来严重的负面影响。更为严重的是,有的流转土地直接进入"非农化"领域,以各种休闲农业、休闲观光农业为名目,建设简易宾馆、饭店,破坏了土地耕作层,加大了耕地保护的难度,有的形成了耕地的永久性消失。

第四,农地流转矛盾凸显,影响社会稳定。农民土地承包经营权流转程序不规范,机制不健全,产生了不少矛盾纠纷,影响农村社会的稳定。农民土地承包经营权流转尽管在法律层面和政策层面有原则规定,但是规范的流转机制和流转程序还没有建立,所以在流转过程中存在种种不规范情况。一是土地确权不充分,导致土地流转中农民、集体、流入主体在土地权利边界等问题上出现歧义和矛盾。二是合同不完备,对权利义务规定不具体,导致合同执行中理解歧义和合同纠纷。三是缺失利益协调和调整机制,随着农地价值上升、农产品价格增高、国家各项补贴提高等利益获得机会,流出、流入双方往往出现由于利益调整不当产生矛盾纠纷。这些矛盾纠纷处理不当往往会诱发群体性、暴力性事件,给农村社会稳定发展带来负面影响。

（三）构建"三权分置"、权利关系明确的承包地流转制度

保障农民在土地承包经营权流转过程中的土地权利,关键是明确农民在土地流转中享有权利的内涵,明晰农民权利与其他权利的关系,保障农民权利的实现途径。笔者建议如下。

第一,将"两权分置"变为"三权分置"。农村土地承包经营责任制从权利角度分析,实际上是土地的所有权和土地承包经营权分置。随着土地经营权流转政策落实和普遍推行,农民的承包经营权实际上已经开始主动的权利分置探索,承包权保留在农户手中,实际经营权流转到其他主体手中。如此农村土地实际上已经呈现出三权分置的新格局:农民集体保有土地所有权,农民保有承包权,流入主体得到实际经营权。三权分置保证和强化了农村土地集体所有的基本性质,理论上保有了社会主义公有制性质,实践中避免了土地垄断和农

民失去土地历史现象重演。土地承包权长久地保持在自己手中，既是农民的生活保障，又是社会稳定的基础。三权分置保障了农民基本的土地承包权利，农民自己可以不参与生产经营，但可以通过流转经营权享受土地财产性收入。三权分置实现了土地流转，以及在流转基础上的集中集约，为土地适度规模经营创造了基本条件。三权分置保障了农民工土地权利，农民工进城务工经商不影响自己在农村的土地承包权。在这个意义上，三权分置也成为农民市民化的助推力量。

第二，明确"三权分置"下各项权利内涵和权利关系。"三权分置"具有理论和实践的创新意义，推进"三权分置"就要把握"三权分置"中各项权利的内涵和权利关系。其一，农村集体对土地享有所有权。无论如何流转都不能改变和影响农村集体土地所有权。因此，农村集体并不直接参与土地流转，更不能直接干预土地流转行为。但是，农村集体作为土地所有者，有必要在保证农地使用符合用途管制，和流转后土地效率不能降低等方面有所行为。其二，稳定农民对土地的长期承包权。农民土地承包经营权期限从最初的不确定到第一轮承包的15年，再到第二轮承包的30年，从政策角度看，农民承包期限在延长。近几年国家又提出承包期限长久不变。但是这个长久不变还缺少明晰的规范。缺乏明确长久的权利期限，农民对其土地的投入会减少，同时影响着潜在流转需求方对土地流转后使用的信心和投入，其他权利侵犯农民土地权利的可能性加大。因此，赋予农民长久而稳定的承包权是农地流转的最重要基础。其三，保障农民土地流转主体地位。承包权衍生出可流转的经营权，具有承包权的农民是土地流转的主体，其主体地位必须在流转中得到保障。在流转过程中集体或地方政府不能以所有权名义和行政权介入干涉流转的价格、条件，侵犯农民的土地权益，要增加土地流转过程的民主性、科学性、公开性。既要明确农村集体在承包地流转中的功能角色，更要明确农民才是承包地流转的流出方主体，还应当明确流入主体的权利。严防集体名义代替民主权利，严禁集体名义侵犯农民流转主体权利。

第三，完善土地权利登记制度。土地权利登记制度是为了保障农民土地权利而设计的一种法律制度，在土地流转中更要重视土地权利登记的效力。其一，基于三权分置的原则，明确登记的客体是承包权，而经营权效力可在证书他项权中进行明确，列明土地流转后经营权的变化情况。其二，规范承包权确权登记工作。农民土地的收益权源于土地的承包经营权，保障农民土地收益权首要的是农民承包权的确权。确权的法律手段就是对土地承包权确权登记颁证。农民承包土地经营权确权工作，各地已经开展了好多年，但是由于缺乏全国性的确权规范，各地确权工作存在差异。承包土地经营权确权工作的不规范，不利于长期稳定农民土地承包权，也不能完全保障建立在承包权基础上的经营权的流转。规范农民承包权确权要做到三个方面的规范。一是健全承包合同产生权利的规范，二是健全登记记载权利的规范，三是健全证书证明权利的规范。以三个方面的规范保证土地承包权成为更受法律保护的权利。其三，在土地权利登记中要尊重农民意愿，不能强制，不顶替包办，坚持协商原则，确保农民土地权益在确权工作中得到体现与保障。

第四，增强政府在农民承包地流转中的责任，保障流转安全和效率。其一，政府要注重培育、发展、规范农民土地承包经营权流转市场，为承包地经营权流转提供良好平台。平台应当包括提供流转需求供给信息集散、提供交流和谈判平台、提供流转价格评估服务、规范流转程序、制定统一流转合同等，来保障流转双方利益。其二，强化违法违规行为的查处。承包地流转必须严格符合依法自愿有偿原则，严禁任何人任何单位采用强迫命令或行政手段要求土地流转，严防截留、扣缴农民在承包地流转中的合理收益。对于此类事件，政府要有相应的处置预案，进行严格查处。其三，发挥调解和仲裁职能，对一些多发、简单的矛盾问题进行及时调节和仲裁。其四，限制大规模的承包地流向工商企业，限制流转土地的非粮化和非农化，切实加强土地流转的事中事后监管。工商企业和工商资本参与农业是我国发展现代农业的重要途径，但是由于工商资本的逐利本质，承包地流向工商企业也增加了土地非粮化和非农化风险。因此要对工商企业和工商资本进入土地流转进行必要的遴选与限制。建立流转准入制度，设定流转限制条件，在经营年限、经营范围、资质要求等方面提出具体的具有制约性的条件。土地依法流转后，还应同步建立土地使用监管机制，政府相关部门要对土地使用进行监督管理，具有所有权和承包权的集体和农民个人也有权进行监督，确保土地的合法经营。

三　经营权抵押担保

（一）土地承包经营权抵押担保的理论争议

土地承包经营权抵押担保可以实现农民对土地承包经营权的处分权，但是现行法律如《担保法》对土地承包经营权抵押担保是明确禁止的。但对于这个问题在理论上还存在争议，形成两种截然不同的观点。

一种观点是应当允许农民土地承包经营权进行抵押担保，通过抵押担保实现农民土地承包经营权的收益权。这种观点在理论上有三个支点。第一，土地承包经营权是农民享有的长期的土地使用权，当然应该包括抵押担保权能。第二，土地抵押担保是当前农业发展的现实需要。随着农业生产规模扩大和农业新技术使用，农业生产资金短缺成为普遍性问题，通过土地承包经营权抵押担保解决农民生产经营的资金困境是一个成本较低的可行办法。第三，现行法律法规、国家政策既然设定了农民土地承包经营权的有条件转让，当然也应该允许土地承包经营权有条件抵押担保。理论界在允许土地承包经营权抵押担保的大前提下还有分歧。有的研究认为，土地承包经营权抵押担保范围应当限定在本集体组织成员之间，抵押担保范围不应当超出本集体经济组织。也有的研究提出土地抵押担保应当设定比例、期限、收入状况等条件，确保抵押担保既能够解决融资所需，又能够保证农民基本生存不因土地抵押受到威胁。

另一种观点认为土地承包经营权不可以抵押担保。这种观点承认抵押担保可以解决农业生产的资金需求，但是不利于农民基本生存条件的保障和安全。也就是说，土地权利一旦进行抵押，农民就有可能失去土地权利。农民失去土地，也就可能失去最后的生存生活保障，这将从根本上危及农民的生存和农村社会的稳定。基于这样的判断，结论是农民土地承包经营权不宜抵押担保。

两种观点争论集中在土地可抵押担保与土地对于农民的保障功能能否共存。肯定论者从土地承包经营权的权能延伸、农业生产资金需求等角度出发，研判土地承包经营权流转与承包经营权抵押担保的逻辑关系，认为土地承包经营权可以抵押担保，具有内在的合理性。否定观点强调的是土地对农民的社会保障功能，这是必须考虑的现实问题。

（二）土地承包经营权抵押担保的现实状况

2008 年 10 月中国人民银行、中国银监会发布《关于加快推进农村金融产品和服务方式创新的意见》，全国不少地方开始试行农村承包地抵押融资试点，在实践过程中探索形成了多种多样的农村承包地抵押贷款模式。有的侧重于政府主导，有的侧重于市场主导；有的侧重于制度创新，有的侧重于实务推进。这些探索对于推进农户土地承包经营权抵押担保融资具有积极意义。归纳起来，我国农村试行的土地承包经营权抵押担保主要有五种模式。

一是"信用＋抵押"模式。这种模式是农户以自己的土地承包经营权为抵押物直接向银行申请贷款。但是这种抵押贷款模式必须有两个支持，一个是政府主导的政策支持，一个是银行主导的信用等级评核支持。地方政府主导对农户土地承包经营权进行确权、评估、抵押登记，通过规范土地流转市场、建立土地拍卖平台，建立市场保护和风险分担机制，实现对农户土地经营权抵押和金融机构承保的保障。银行通过农户信用等级评核，确定农户贷款还贷的信用度。两方面结合，形成"信用＋抵押"贷款模式，这种模式的核心是农户的信用度。湖南汉寿、浙江宁波主要采取了这种模式。

二是"保证＋抵押"模式。这种模式分三步。第一步，农户土地承包经营权折价入股于土地合作社，成为土地合作社成员。第二步，土地合作社为农户核发"土地使用权证"。第三步，农户凭"土地合作社"做保证的"土地使用权证"在银行申请贷款。这种模式的关键在于土地合作社为成员做保证，这种保证既有土地抵押物担保的特点，也有群体保证的特点，而且群体信用保证的特点和实际作用更为鲜明和重要。这种模式的核心是农村社群的"熟人性"，实际上与熟人担保有相似之处。宁夏同心农村有的地方就采取这种模式。

三是"反担保＋抵押"模式。这种模式主要分三步。第一步，农户将土地承包经营权直接抵押给政府成立的或完全市场化的第三方担保机构。第二步，第三方为农户提供担保，农户向银行申请贷款。第三步，如果贷款出现逾期或呆死账，第三方对已经抵押的农户承包地在土地市场上拍卖流转。第三方机构以土地流转收益清偿。贷款还清后，土地承包经营权归还农户。在实际运作中，政府主导的融资平台和市场主导的融资平台各有利弊，政府主导型融资平台，极易形成政府保底的依赖惯性，最后形成政府债务。如贵州湄潭县，就出现了这种情况，由地方财政承担了抵押担保带来的550万元不良贷款。而市场主导型融资平台由于增加了运行环节，大幅增加了贷款成本，最终还得依靠政府来分散风险。重庆兴农融资担保公司、成都农村产权流转担保公司就属于此类担保平台。

四是"信托＋抵押"模式。这种模式是农户个体将其土地承包经营权委托给信托机构，信托机构以土地抵押发债筹资或银行贷款筹资，筹集的资金再借给农业实际经营者（如农业大户、家庭农场等农业新型经营主体），实际上是由农户、信托机构、农业实际经营者分享土地经营收益。这种模式下，有的信托机构是农户土地承包经营权的全权受托人，可以对土地承包经营权进行发债、贷款、清偿、再流转，负责投资者的收益。有的信托机构仅作为代理流转机构，只负责与银行对接贷款。土地信托机构实际上是农村土地产权管理、价值实现、连接承包经营权所有者、使用者、金融支持机构的中间平台。

五是"土地证券化 + 抵押"模式。这种模式主要有两步。第一步，土地证券化。土地证券化就是把承包地预期收益转化为银行认可的"标价证券"。第二步，农户以承包地"标价证券"抵押向银行申请贷款，获得融资。这一模式被一些学者高度认可，认为是一种高层次的土地融资。这种模式有两个关键，一个是政府主导的土地证券化，没有政府主导，证券化是不可能实现的。另一个是银行认证，银行对土地证券认可，否则以此抵押融资就是空话。当前对于大部分农用地，证券化还很难操作。

综合以上分析，农村土地承包经营权抵押担保现实状况呈现三个明显的特点，一是农户组织农业生产和农村土地承包经营权流转有以经营权为标的进行抵押担保获得融资的需求。二是现行政策不支持土地抵押担保。三是各地已经进行了多种形式的承包经营权抵押担保试验，但受制于根本制度因素，试点很难取得可推广的经验。总结以上五种模式，具有以下几个特点。第一，农户土地承包经营权抵押贷款无一例外都有附加条件，而且附加条件多是必需条件。这就意味着，现在试行的农户土地承包经营权抵押还不具有独立的物权意义，是一种不完全的物权体现。第二，农户土地承包经营权抵押担保一般是以政府为主导，换句话说，如果没有政府强力主导，仅仅依靠市场力量很难有效推进农户土地承包经营权抵押担保，实现土地承包经营权的物权效能，也很难解决农户以土地权利换生产资金的实际需求。第三，上述五种模式，尽管涉及我国多个省份，但是基本上分散在少数农村地区，缺乏复制性，因此很难成为大面积推广的模板。但是，农户土地承包经营权抵押担保是我国土地制度深化改革、农业生产规模化、现代化发展、农村金融业发展等多重要素共同作用的结果，尽管各地试行的办法还存在上述种种问题，以土地承包经营权抵押担保实现融资支持农业生产，发展农村经济的发展方向是肯定的，必然的。

（三）积极探索"三权分置"下土地经营权抵押担保的可行方式

土地承包经营权抵押担保，既是扩大农民承包经营权收益权的现实需要，也是理论和政策需要解决的问题，应当采取积极态度进行探索。以"三权分置"思路对农民的承包地权利分离改造为承包权和经营权，有利于解决上述理论和实践探索中面临的制度难题。在"三权分置"思路下，应明确以经营权为抵押担保的对象展开理论研究和改革探索。

第一，明确三权分置下各项权利内涵权利关系。三权分置具有理论和实践的创新意义，推进三权分置首先要明确三权分置中各项权利的内涵以及权利间的关系。其一，农村集体对承包地享有所有权，无论如何抵押担保流转都不能改变和影响农村集体土地所有权。因此，农村集体并不直接参与土地的抵押担保，集体也不能直接干预土地的抵押担保行为。但是，农村集体作为土地的所有者，有必要在保证农地使用符合用途管制和抵押担保流转后土地效率不能降低等方面有所行为。其二，土地承包权是农民个体作为一定社区范围内集体成员一分子而对该社区范围内某一块土地享有占有、使用、收益等权利，它是农民个体"成员权"的一种体现，是物权，是财产权。要稳定农民对土地的长期承包权。农民的土地承包经营权期限从最初的不确定到第一轮承包的 15 年，再到第二轮承包的 30 年，从政策角度看，农民承包期限在延长。党的十七届三中全会又进一步提出承包期限长久不变，但是这个"长久不变"还缺少明晰的规范。缺乏明确长久的权利期限，农民对其土地的投入会减少，同时影响着抵押担保接受方对土地作为抵押物的信心和投入，其他权利侵犯农民土地权利的可能性加大。因此，建议在"长久不变"的基础上赋予农民更加稳定和明确的承包权利，这是农地抵押担保流转的最重要基础。其三，土地经营权是由承包权派生出来的一种民事权利，其表现更多的是一种预期收益。因此，具有承包权的农民是土地经营权抵押担保的主体，其主体地位必须在抵押担保行为中得到保障。集体或地方政府不能以所有权和行政权名义介入干涉抵押担保，侵犯农民的土地权益。

第二，在法律层面统一"土地承包经营权""承包权""经营权"等相关概念并对经营权抵押担保的诉求做出明确回应。首先，应在相关法律法规和国家层面、部委层面的政策文件中统一"土地承包经营权""承包权""经营权"等相关概念的使用，并对概念的内涵进行明确规范。其次，修改当前立法中关于禁止农村承包经营权抵押担保的规定。现行法律对于禁止承包经营权抵押担保的立法思考主要有两点：一是由于承包经营权包含了农民的承包权和经营权，如果允许承包经营权抵押担保就意味着如果无力还贷，农民不仅要丧失其土地经营权，而且还要永远丧失其承包权，土地对农民的保障作用则完全消失，而如果工商资本通过抵押担保大规模兼并农民土地，将导致严重的社会问题。二是农民的承包经营权包含了农民承包土地的权利，这个权利是基于农民的集体成员身份分配而来，只有集体成员才有权利分配土地，允许承包经营权抵押担保就意味着承包土地的权利将可能转让给集体外的主体，这直接影响着集体成员身份的确定，也直接威胁着土地集体所有制。基于对承包地保障农民生存的重要意义和土地集体所有制的考虑，现行法律禁止承包经营权抵押担保。而在"三权分置"思路下，农民承包权和经营权的分离可以解决抵押土地对集体所有制的威胁，也可以消除农民完全失去土地的担心。因此，在法律层面对"承包权"和"经营权"给予定义和规范的基础上，法律法规应对土地经营权抵押担保现实要求予以回应，认可以土地经营权为对象进行抵押担保的合法性。

第三，基于"三权分置"完善土地权利登记制度。土地权利登记制度是为了保障农民土地权利而设计的一种法律制度，在经营权抵押担保中更要重视土地权利登记的效力。其一，基于三权分置的原则，明确登记的客体是承包权，而经营权效力可在证书他项权中进行明确，列明土地抵押担保以及流转后经营权的变化情况，或者直接给农民颁发土地经营权证。其二，规范承包权确权登记工作。农民土地的收益权源于土地的承包经营权,保障农民土地收益权首要的是农民承包权的确权。确权工作的不规范,不利于长期稳定农民土地承包权,也不能完全保障建立在承包权基础上的经营权的流转。规范农民承包权确权要做到三个方面的规范。一是健全承包合同产生权利的规范,二是健全登记记载权利的规范,三是健全证书证明权利的规范。以三个方面的规范保证土地承包权成为更受法律保护的权利。其三,在土地权利登记中要尊重农民意愿,不能强制,不顶替包办,坚持协商原则,确保农民土地权益在确权工作中得到体现与保障。

第四,明确土地经营权抵押贷款目的是培育和满足规模性生产性信贷需求。当前通过土地流转方式,已经形成了不少种地大户,相比耕作零散的小农户来说,这些种地大户对土地经营权抵押贷款的要求更加明确且紧迫,贷款供给甚至已经成为影响其扩大规模、提升质量的主要约束条件,而贷款政策针对种地大户和零散经营的小户来看,在贷款方向、条件等具体政策制定上必然存在很大差异,因此,当前的政策制定中需要进一步明确土地经营权抵押贷款的主要对象是种地大户还是普通农户。根据国际上其他国家的做法,农村土地的抵押应以满足生产性信贷需求为主要目的,也就是一些已经形成规模经营的专业大户、农业合作社、股份合作社的金融需求,这些"大农"对建立土地经营权抵押担保制度要求更显著。这些规模性的信贷需求比起分散的信贷需求在实践中也得到各类金融机构的青睐,有研究发现,抵押的土地规模和金融机构贷款的意愿形成显著正相关关系。建议各地就农民规模经营生产性信贷需求出台针对性办法,在贷款对象、贷款用途审查、贷款产品设计等方面进行倾斜和量身打造。

第五,建立农地经营权抵押风险分散和防范机制。土地抵押担保具有较高风险性,这种风险主要来源于农业生产的自然特性。第一个因素是农业生产经营的长期性,第二个因素是农业生产收益因为自然因素影响的不稳定性。多重风险可能导致抵押人无法偿还到期债务的情况,并且有可能进一步导致失去土地的危险。出现这种情况,农民失去了土地经营权，失去了一段时期内耕作经营土地的权利，抵押权人虽然获得了抵押物，但是作为金融机构却增加了不良资产数量，如果抵押物不能尽快实现价值转换，则很可能陷入双输的尴尬境地。因此，建立经营权抵押担保制度还必须配套建立健全预测、预防、防范、监管风险的机制。一是短期内还离不开政府的风险担保和分担作用，由政府成立相关的风险分担基金。二是要强化农业保险机制和作用，来对抗农业自然风险。三是建立贷款全程监管机制，包括经营权的登记、贷款用途设定、贷款实际使用监督等几个主要环节。

第六，鼓励地方进行土地经营权抵押担保模式创新。农村土地经营权抵押担保有的地方已经进行了试点。各地试点的范围不同、试点选取的样本也有差异，试点过程中形成的模式也不一样。但是有一点是一致的，就是通过农村土地经营权抵押担保农民可以获取生产经营所需要的资金支持，对于保障和促进农业生产经营是有积极意义的。全国范围内推进农村土地经营权抵押担保，除了上面已经分析的立法、登记等刚性要素，还需要扩大抵押担保试点范围以点带面循序渐进。我国各地农村实际情况差异很大，南北东西存在地域差异，各地历史传统存在差异、经济社会总体发展存在差异，这些差异都对土地经营权抵押担保产生影响。所以通过试点、以点带面推动土地经营权抵押担保是必要的。首先在城乡统筹试验区以及土地权利基础性改革进展好的地区进行试点，制定具体的试点方案，在试点取得实效时扩大到范围更广的试验区。试验区取得进展后扩大到经济发达的省份和地区，最后覆盖全国。

四　承包权有偿退出

（一）各地试行农民有偿退出承包地的具体做法

随着农民市民化进程，一部分农民自然而然地退出承包农村土地的要求。对于农民的这种要求各地一般是采取一次性货币补偿的办法处理,但是具体办法和具体标准方面各地并不一致,没有统一的制度机制予以规范。重庆、成都、浙江等省市已经进行了农民退出土地承包试验。重庆市率先试行农民退出承包土地,从整体看,具有一定的典型意义,但是由于补偿标准不高,对农民退地吸引力不强,农民尽管有退地要求,但是积极性不高,如重庆垫江,农民退出土地承包的试验起步较早,补偿标准按土地年平均流转价格计算,补偿按承包的剩余年限计算。这种做法虽然为农民退出土地承包开通了渠道,但是补偿偏低实际上损害了农民的权益。其他地方的试点情况也较为类似。

(二)建立健全农民土地承包权有偿退出机制

农民土地承包权尽管有诸多社会保障和社会公平功能,尽管这种权利具有福利分配和无偿分配的因素,但其本质上是一种经济权利。所以,这种权利势必包含着获得利益的权利。农民要求退出土地承包就应当得到相应的经济补偿,这种补偿本质上是农民对承包权财产权利的实现。

第一,农民在承包权退出中的主体资格不容动摇。我国农村生产经营实行家庭联产承包责任制。具体制度安排上,土地按人头计算,但是是以家庭为单位进行的分配承包,签订承包合同进行承包经营权登记。这就形成了一个事实,土地已经成为家庭的共同财产,具有不可分割的特性。在构建农民土地承包权退出机制时,既要确立家庭的主体地位,尊重家庭户主的处分意愿,也要考量家庭其他成员对于承包权的退出意愿,允许其他家庭成年成员举证否定该成员的处分行为。也就是说,确立农民家庭在承包权退出中的主体地位,就是要确保家庭所有成员(有权分配土地的成员)在退出土地承包权时的主体地位。

第二,健全土地承包权退出补偿标准的形成机制。补偿标准是承包权有偿退出的核心,各地在实践中实行的补偿标准存在相对偏低、不够规范等问题,但是最重要的问题是没有形成土地承包权退出补偿标准的科学形成机制，依然停留在简单的协商议定基础上。健全农地退出机制，就要建立科学的农地退出补偿标准形成机制。具体应当包含以下几个方面。一是承包权的准所有权价值。从产权角度分析，农民的土地承包权本身具有集体经济组织土地所有权份额，可以理解为准所有权性质。既然如此，在确定农民退出土地承包权时就要体现这种准所有权特性，在土地退出补偿中体现其价值。二是承包地的社会保障价值。农民的社会保障主要有失业保障和养老保障。在承包权退出补偿中应当体现社会保障价值。换句话说，农民退出土地承包放弃土地承包经营权，原来附着在上面的社会保障功能应当在退出中予以价值体现。三是承包地的预期财产价值。随着城镇化扩张，土地价值逐渐增长，这是一个不可逆转的趋势。在这种基本发展趋势下农民对土地的增值预期也会提高，这是土地增值带来的必然现象。建立农地退出补偿机制必须对这种情况予以考虑。四是承包地心理慰藉价值等其他价值。在土地承包经营权退出中，作为退出主体的农民还有许多非经济考虑，如对土地的心理眷恋、失去土地的不安全心理等。这些非经济因素也会成为农民退出土地承包经营权的成本，所以这些非经济因素也应当成为农地退出补偿机制的因素。

第三，探索承包地撂荒责任追究办法。尽管农民有退出承包土地的意愿，现实中也具备农民退出土地的条件，但是由于农民长期以来形成的对于土地的依赖、对补偿标准的不满以及退出土地的后顾之忧，农民退出土地通道依然不是很通畅。一些弃农经商或长期外出务工、已经进入城镇生活并且生活来源不依赖土地的农民，所承包的土地无人耕种、长期撂荒，既浪费了土地资源，也实际上减少了我国土地耕地面积。土地撂荒已经成为我国农村特别是一些山区农村严峻的现实。严重的土地撂荒，减少了耕地面积，减少了粮食产量，影响国家安全战略，应当高度重视。用行政办法干预土地撂荒是一种办法，但是用经济办法是更好的办法。用经济杠杆撬动承包地退出机制，可以达到既减少撂荒地又解决农民现实需求的双赢目标。

第二节 农民在市民化过程中的宅基地 权利和住房财产权实现途径

一 基于"三权分置"思路对宅基地使用权权利再造

根据前文分析,"三权分置"的思路可以用来改造农民其他土地权利,包括农民的宅基地使用权。同承包地一样,宅基地的所有权归集体所有;农民的宅基地是基于其集体成员的身份而集体分配获得,类似于耕地的承包权,宅基地使用权归农民实际占有,本书将之称为"成员权",这个权利不能自由转让,只能转让给同一集体组织的成员;而与耕地经营权从承包权分离出来类似,宅基地"成员权"分离出来"使用权"(与旧的"宅基地使用权"是不同的概念),这个权利单独或与建于宅基地上的住房构成一个完整的财产权利,农民可以自由处置,用于抵押、担保、转让。具体到当前宅基地财产价值的实现方式和农民需求,主要包含宅基地流转、宅基地和住房抵押担保、宅基地有偿退出三种途径。本书在"三权分置"思路下,主要就这三种途径分别进行细化研究并提出政策建议(见图7-2)。

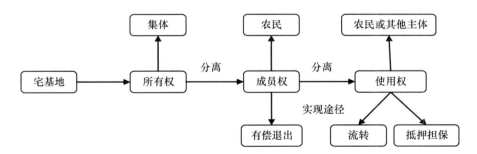

图7-2 基于"三权分置"思路对宅基地使用权的权利再造

二 使用权及住房产权流转

(一)关于宅基地流转的理论争论

现行法律法规对宅基地流转是有严格条件限制的,都是在宅基地权利二分法下，针对宅基地使用权而言。根据《宪法》《土地管理法》《物权法》等多部法律法规的规定，农民宅基地使用权和农民房屋所有权只能向本集体经济组织内成员转让，尽管农民对房屋拥有名义上完整的所有权，但实际上由于房地不可分割性，房屋和宅基地同样不能向本集体成员之外的人转让。党的十八届三中全会的《决定》对农民宅基地权利的阐述有重要突破，首先肯定了宅基地使用权是用益物权，并且要求探索农民住房财产权抵押、担保、转让的具体实现途径，但是《决定》没有对农民宅基地转让的受体做出规定，这其实是二分法下对土地权利与市场化需求间矛盾的模糊处理。

源于政策上的模糊和认识上的不同，对于宅基地流转存在限制流转与放开流转两种观点。

同意放开宅基地流转的观点有以下三个理由。第一，既然肯定农民宅基地是一种用益物权，农民宅基地用益物权就应该包括农民对集体所有的宅基地拥有占有、使用和收益的权益。放开宅基地流转就可以有效地充实农民的宅基地用益物权内容。《物权法》既然确定宅基地使用权为用益物权，就应该明确承认农民对宅基地的收益权利，至于收益如何获取与分配，是另一个层面的问题。放开宅基地流转，集体所有权不发生改变，农民从宅基地使用权流转中受益，实际是对宅基地用益物权的充实，是真正赋予农民宅基地用益物权的体现，有利于农民分享市场化改革的成果。第二，放开宅基地流转有利于农民实现房屋财产价值，是对农民房屋财产权的尊重。对宅基地使用权流转加以严格限制实际上也就严格限制了农民房屋财产的流转和进一步的财产增值。结果是不仅农民的宅基地用益物权得不到充分体现，而且农民的房屋财产价值也无法充分体现。房屋是农民一生中最大的资产，最大资产无法实现财产价值是很不公平的。第三，宅基地流转有利于提高宅基地使用效率，提高土地资源利用效率。近年来，随着大批农民进城务工，有不少能力较好的农民工已经在城市城镇长期定居并购置了住房，但是农村老家还有祖辈留下的或是自己的宅基地。受到流转的限制，这些宅基地大都处于闲置状态，形成越来越多的无人居住的空心村和人数不多的旧村。限制宅基地流转只能加剧这种闲置状况。允许农村宅基地流转就可以盘活闲置的宅基地，既可以流转使用，又可以整理使用。

限制宅基地流转的观点有以下三个理由。第一，限制宅基地流转可以保障农民宅基地的社会保障特性。农民宅基地是在国家现行土地制度下无偿获得的一种权利，无偿性对应着社会保障性。允许流转尽管农民可以从中得到一定收益，但是将永久失去宅基地附加的社会保障功能，农民在失去宅基地及地上房屋后可能居无定所，甚至流离失所，而这种结果是我们所不希望的。第二，限制宅基地流转有利于农民土地权益的保护。如果放开宅基地流转，势必有公权力、企业资本、工商资本介入和参与。相比而言，农民一般处于弱势地位，极易造成宅基地流转过程中农民宅基地受侵占，农民宅基地权益受侵害的情况。这种情况在一些地方已经出现。典型的如有的地方在社会主义新农村建设中搞农民集中居住，在进行所谓强制性的宅基地换房活动中，已经出现了农民宅基地权益受侵犯的情况。第三，限制宅基地流转有利于耕地保护。如果放开宅基地流转，"一户一宅"政策不能严格执行，由于宅基地及其上的房屋的获利性，农民宅基地需求有可能被不适当地放大，耕地也有可能被占用，耕地保护的压力将会增加。限制宅基地流转会起到保护耕地的效果。

两种观点差异的原因是角度不同，同意放开宅基地流转意见的角度主要在于宅基地财产权利的实现，允许宅基地流转有利于农民宅基地用益物权的实现，限制流转实际上限制了用益物权的实现，用益物权实际上虚化。限制宅基地流转的观点研究的角度是宅基地的无偿获得性与农民基本权益保障功能，允许宅基地流转就有可能造成农民基本权利的损害，不利于农村基本政策的落实。笔者认为，在城镇化快速发展态势下，我国农村社会已经发生了很大变化，宅基地流转是农民市民化过程中的必然要求，但同时宅基地和住房对农民的保障作用同样具有重要意义，运用"三权分置"思路就能够帮助解决二者间的对立，同时实现市场化和社会保障两个制度目标。

（二）农民宅基地流转现状

尽管现行法律限制农民宅基地使用权对（本集体组织）外流转，宅基地流转存在体制性约束，但是各种形式的宅基地流转却一直存在，尤其是在城市郊区和发达地区，宅基地流转非常普遍，宅基地隐形交易非常活跃。宅基地流转一般以房屋流转的形式出现，包括房屋租赁、房屋买卖、合作建房等形式，其中房屋租赁和房屋买卖两种形式较为普遍。

针对农民宅基地流转现状和农民对于宅基地流转的意愿，有关部门和研究机构已经做了不少调查和研究。本书的实证也发现，比起承包地，农民对宅基地和住房权利有更高的要求。由于土地供给有限，国家实行严格的耕地保护政策，农村宅基地逐渐变成越来越稀缺的资源，占有农村宅基地的个人愿意出租或转让宅基地，从中获得收益。随着农民市民化，越来越多的农民在城市居住，而其他农民集体外的主体对宅基地和农村住房的需求也在增加，农村宅基地流转已经是必然趋势。在城市近郊和经济发达的农村地区，宅基地流转事实上已经相当普遍。

（三）探索有条件的、差异化的宅基地使用权流转制度

党的十八届三中全会决定将宅基地制度改革和强化农民的住房财产权作为重要改革内容进行了阐述，提出了改革方向和要求。根据"三权分置"思路和前文对宅基地使用权的改造，宅基地的流转应以从宅基地成员权分离出来的宅基地使用权为对象展开。

第一，构建以农民宅基地使用权为客体进行流转的法律框架。立法是实现宅基地使用权流转的基础，只有完备的法律才是规范宅基地流转的根本途径。改革完善农村宅基地制度，必须重视对宅基地法律的制定和修改，通过法律赋予农民对宅基地使用权的处分权是其中应

有之义。构建农民宅基地流转法律框架，应当以宅基地使用权为客体，赋予农民对其的处分权，落实宅基地相关财产权利。

第二，妥善处理流转后新的宅基地使用权主体与农村集体的关系。集体外居民通过流转获得宅基地使用权和住房产权并不能获得集体成员身份，也不影响农民作为集体组织成员的宅基地成员权和其他权利，同时要对新的宅基地使用权权利主体不损害所在村镇和农村集体的公共利益做出约定。

第三，设定有条件的、有差别的宅基地使用权流转程序，防范流转可能产生的社会风险。首先应对宅基地使用权附加一定期限限制。对于转出方，必须具有两处以上农村或城镇房产，只有一处农村房产的不得转让，老年农村居民随子女生活的也可以流转宅基地。对于转入方，不得囤积、炒作农村宅基地，同一农民、城市居民或企业在同一地区最多只能转入一处宅基地；宅基地上住宅建设要符合当地住建和农业部门要求，不得随意私自建房；在村镇投资生产、建有企业、确有在本地居住需要的优先考虑。这些条件要视区域具体情况而定，总之流转办法应建立在流转不影响他人利益、不影响农村集体利益、不造成社会风险的基础上制定。另外还要建立宅基地流转风险防范机制，对宅基地流转双方尤其是宅基地转出农民加强风险防范教育，引导农民合理流转宅基地。

第四，尽快启动相关探索。其一，把宅基地"三权分置"和确权登记作为宅基地流转的基础。只有明晰的产权关系，规范的登记制度，才有利于产权权利的实现。建立农民不动产登记制度时明确登记效力。其二，建立宅基地使用权和农村房屋产权流转市场。由于房地不可分割性，宅基地使用权和农村房屋产权可以构建一体的较为完整的财产权利，以此作为对象建立房地流转交易市场。流转交易市场可以采取类似城镇房屋交易市场、农村土地经营权流转市场的办法，由国土、住建、农业等多个部门共同拟定相关办法和具体规则，并且在区县、乡镇成立专门的农村房屋与宅基地流转市场。政府部门要为农村房屋与宅基地流转市场的建立提供必要的资金与人员支持，农村房屋与宅基地流转市场的设立、机构与人员编制、经费来源、收费项目等也参照城镇房屋交易市场或农村土地经营权流转市场的办法来确立。其三，进行必要的农村宅基地使用权流转试点。既然城镇周边郊区及发达地区农村宅基地流转已经自发地产生，与其严格禁止，不如有条件地进行试点。国家层面可以选择不同地区、不同基础条件的地方布置试点。试点应当突破同一农村集体经济组织的流转限制，探讨转让、出租的条件和办法。研究比较不同地区农村宅基地流转试点的具体情况，建立全国层面的农村宅基地使用权流转制度。

三 使用权及住房产权抵押担保

（一）关于宅基地及房产抵押担保的理论争论

宅基地及其房产抵押担保可以实现农民宅基地使用权的财产权利，但是根据现行法律规定，宅基地使用权是禁止抵押担保的。而在法律上农民对住房享有完全产权，理论上农民住房是允许抵押担保的，但在实际中由于房地不可分割性，禁止宅基地使用权抵押权能自然就对农民住房抵押权能进行了一定限制。与城镇居民的住房比较，农民住房在抵押担保中的财产价值和财产功能不能完全体现。对宅基地抵押担保问题在理论界还存在争议。有的主张放开对农民宅基地及其房产抵押担保的绝对限制，有的则认为出于保障农民基本的生活居所、不出现流离失所的考虑，仍然应对宅基地及其房产抵押担保进行限制。

主张放开限制、允许农民宅基地及其房产抵押担保的理由是，对农民而言，房屋是农民最重要、价值最高、累计了祖辈财富的不动产，农村量大面广的农民房屋由于宅基地的不可抵押性始终限制于单一居住功能，无法实现其完整的财产价值，也不能成为融资贷款的资本。但是由于农业生产周期长，资金短缺一直是困扰农民组织农业生产的瓶颈，小额贷款等融资方式很难满足农民对信贷的需求。农民通过宅基地及房产抵押担保盘活自己的存量资产，获得生产所需要的金融支持，既可以实现宅基地上的财产权利，又可以有效地解决生产所需要的资金。所以有的学者建议，应当鼓励支持宅基地抵押担保，通过宅基地及房产抵押担保实现农民对宅基地的权利要求，应在法律上予以明确，赋予农民对宅基地使用权完整的永久性的财产权。这样做对于保障农民权益、搞活农村农业生产具有重要意义。有的学者提出宅基地抵押可以有条件地先行试点，条件包括农民拥有的房产数量、工作和收入稳定情况等内容。

不同意宅基地和住房抵押的理由是，农民宅基地使用权并不是一般意义上的用益物权，有着特殊的功能定位，涉及全国 8 亿农民的安身立命。当前我国农民总体上仍缺乏足够的风险抵抗能力，完全自由地允许其宅基地进行抵押将会产生巨大的社会风险。宅基地及其上的房屋是农民生活最重要的物品，在不完善的农村社会保障体系下农民对于土地的依赖性真实存在，在当前权利体系下，如果宅基地使用权人无力偿还债务，就会面临丧失该宅基地使用权及地上房屋，可能就会导致农民流离失所，失去最后的生存保障。这是不同意宅基地和住房抵押担保的主要理由。还有一些学者认为宅基地及住房抵押并不能解决和有效改进我国农村金融供给，解决农村金融供给状况关键还在于农村金融制度的整体改革。

两种观点不仅具有理论意义，也具有实际意义。事实上尽管宅基地使用权抵押在法律上受到限制，但是随着城镇化进程的加快和经济社会的发展，宅基地使用权抵押担保在一些地区已经试验推行，并且积累了一些有益经验，为进一步推广提供了参考。从长远看，放开农村宅基地抵押担保是我国城乡一体化发展的必然趋势，在现阶段应当积极试点，稳步推进，通过宅基地抵押担保实现农民对宅基地的财产权。

（二）开展宅基地使用权及住房产权一体化抵押担保制度探索

根据"三权分置"的思路，抵押担保的客体应是从宅基地成员权中分离出来的宅基地使用权。宅基地使用权和宅基地上的住房产权应成为农民手中一体化的财产权利，基于"房地不可分割性"，农民可以一并将其进行抵押。

第一，宅基地和住房抵押需要建立在宅基地使用权和住房流转制度的基础上。抵押物的价值是抵押行为的核心问题，如果抵押物价值不明确，价值实现很困难，是很难进行抵押的。而价值需要在流动中产生，只有可流动可转让的标的才能成为合理的抵押物。农民的宅基地使用权和住房产权如果流动性很低，其财产价值大大降低，银行作为自负风险需要盈利的金融机构，无法接受其作为抵押物。事实上，当前金融机构不愿从事宅基地抵押贷款业务，首先就是基于二分法的宅基地使用权作为抵押物很难流动、变现困难的原因。因此，宅基地和住房抵押担保的探索需要建立在宅基地使用权流转制度的基础上进行。

第二，以国家实行不动产统一登记制度为契机加快推进农民宅基地使用权及房屋产权确权。《不动产登记暂行条例》已经开始实施，农民的宅基地使用权和房屋所有权都在要进行统一登记的不动产范围中，国土资源部对登记记载具体事项进行了规定。宅基地使用权和房屋所有权的统一登记将为实现可抵押担保提供重要基础。此次确权登记仍是基于权利二分法，建议未来将农民的宅基地权利分为两项权利——成员权和使用权分别登记。探索使用权和房屋产权实现一体化登记，成为和城市房产类似的产权，作为抵押登记的标的物。

第三，合理制定抵押办法。宅基地及房产抵押办法应当包括抵押条件、抵押程序、管理措施、抵押权实现方式等内容。其中最重要的是设定抵押条件和抵押权实现方式。抵押条件的核心是保护农民财产权之外的社会保障权益。也就是说，抵押条件要具有风险防范措施，避免出现因为到期不能还贷而无房可住的现象。

第四，鼓励金融机构开展宅基地和住房抵押贷款。抵押和担保关键在于金融供给。农村金融服务农村、农业、农民的主体业务不应当改变。可以先由政府出资成立宅基地和住房抵押贷款风险基金，为信贷机构潜在金融风险提供保障，吸引更多金融机构接受宅基地及住房抵押方式，服务"三农"。同时，政府应培育农村产权交易所，收集、发布抵押相关供求信息，通过现代手机信息技术向社会公众和金融机构提供。由地方政府或者专业中介机构对要抵押的宅基地和房产进行价格评估，最后由金融机构和农民协商确定。

四 成员权有偿退出

（一）宅基地无偿回收制度和无偿使用制度是宅基地闲置的重要因素

40年以来，我国工业化城镇化一直在快速发展，与之相对应，我国人口出现了历史性的大迁徙。数以亿计的农村人口以各种方式进入城镇学习、工作、生活，其中有相当数量的进城人员在城镇购买了房屋实现了定居。这部分农民在农村的住房及宅基地实际上处于长期闲置状态。宅基地和住房的大量闲置和荒废大大影响着土地资源的利用效率，更不符合我国土地资源紧张的现实。现实的状况是一方面这部分进入城镇人员有退出宅基地占用的意愿，另一方面又因为无偿退出的政策机制而缺乏积极性，这就是农村宅基地面临的基本状态。

形成这种情况的主要因素是国家关于农民宅基地的政策制度。我国农村宅基地属于农民集体所有，在分配上采取无偿的分配制度，与无偿相对应，宅基地分配还具有平均性和福利性。基于这种分配制度，宅基地退出也采取无偿退出的模式。对于房屋坍塌、拆除超过两年的，就由集体无偿回收，对于地上仍有房屋的，农民个人有主动退出意愿的，规定没有相关阐述。与此相承，政策规定了每个农户只能有一块宅基地，多出来的要无偿退换给集体。但事实上，一些农户实际上并不是只有一块宅基地，除了集体分配的，还有通过继承、赠予的宅基地，由于无偿退出政策，农户并没有积极性将这些宅基地退还给集体。

在这样的政策制度下，对于一部分进城农民个人而言，尽管已经不再需要宅基地，但是也不会主动退出，更不会将已经占有的宅基地无偿退回集体。占了就占了、不占白不占、不占就是吃亏，是普遍心理。对于集体而言，也没有积极回收的动力。因为宅基地虽然属于集体所有，理论上可以无偿收回，但是宅基地上的建筑物是农民个人的财产，地房无法分离，收回宅基地就要对房屋补偿，这一点是集体所不愿意的。两个方面缺乏积极性，无偿退出只能是纸面上的政策。

基于以上分析，要解决农村宅基地闲置浪费，就要调动农民集体与个人两方面的积极性，改宅基地无偿退出为有偿退出，同时实行差异化的宅基地有偿使用制度。

（二）宅基地有偿退出的现实需求

如上分析，宅基地无偿退出在现实中很难实现，一方面存在大量的闲置宅基地应当退出，而且宅基地占有人也有退出意愿；另一方面因为无偿退出的政策限制，宅基地占有人不愿无偿退出。这种无法调和的情况，伴随着农民市民化进程更为突出。

第一，长期进城定居的农民退出宅基地的愿望明显而强烈。一些农民进城务工经商后，已经在城市定居，农村的宅基地及其房产已经没有任何存在的必要。尽管宅基地在法律上是无偿取得的，但是世代居住生活的宅基地及其房产是具有财产意义的。部分进入城镇的农民非常希望留在农村的宅基地及其房产"变现"，成为他们创业和购买房产的资本。这种动因绝非个别，而是非常普遍。这种强烈的有偿退出意愿导致了事实上的隐性宅基地有偿转让。随着市民化进一步推进，农村人口将会继续减少，宅基地的需求会逐步降低，闲置的宅基地也会越来越多，宅基地有偿退出的意愿也会越来越强烈。

第二，工业化、城镇化发展需要整合利用农村闲置的宅基地。人地矛盾是我国社会的主要矛盾之一。工业化、城镇化发展需要占用农村土地，农村可耕地也在红线上下波动，占用农村耕地发展工业化城镇化不应是我国经济社会发展的方向。在农村耕地减少和土地资源紧张的情况下，农民宅基地却出现大量闲置和浪费。如果将这些闲置的宅基地进行整合整理，无论是对于增加农业耕地面积还是提供城镇发展用地都具有重要意义。

两方面的需求互为条件，农民有偿退出宅基地意愿为集中整治闲置宅基地提供了可能，城镇化工业化发展对于土地需求为有偿退出宅基地提供了可能。二者共同作用形成了宅基地有偿退出的现实需求。

（三）制定有偿退出宅基地的长期政策，作为我国城镇化进程和农民市民化的配套制度

随着城镇化和市民化进程，有宅基地退出需求的农民会越来越多，是城镇化中典型的、将长期存在的现象。自主选择有偿退出宅基地将成为农民退出土地的一种主要形式，应由国家政策提前部署和规划，由制度起到科学引导和合理规划的作用。

第一，明确有偿退出宅基地与征地补偿退出宅基地的重大区别。征地使农民退出宅基地是政府基于公共利益的主动行为，农民除了部分的参与权基本上只能被动接受。有偿退出宅基地是农民基于其自身情况在政策框架（如补偿标准）内主动做出的决策行为，由政府和集体出资对农民的宅基地进行有偿回收。农民自主退出宅基地后，不影响其继续保留并享有土地承包经营权，其基于农村集体成员和农民身份享有的待遇保持不变。

第二，禁止以各种形式强制农民退出宅基地，以宅基地换楼房。有的地方以新农村建设、工商资本征用、国家征用等名义，使用政府或者村委会公权强制农民退出宅基地，严重损害了农民权利，这是应当坚决禁止的。农民进城，转为市民户口，不应附有任何"土地退出条件"，农民现在手里的土地包括宅基地不仅仅是国家对农民的保障性分配，更是几代农民累积起来的财富财产，不应要求对农民的自主迁徙强加对个人财产处置的要求。这不仅是不利于市民化进程的，更是侵犯农民平等人权的行为。

第三，宅基地有偿退出要严格限制退出主体条件。农民宅基地具

有基本的社会保障功能，只有农民的社会保障以其他方式得到保障时，农民退出宅基地才是有力的、可持续的，才可以避免退出宅基地之后农民失去住房情况发生。因此，无论是修订法律还是制定政策，都要对有偿退出宅基地进行严格条件限制。条件包括农民本人意愿、其他住房情况、工作稳定情况、收入稳定情况等。一般而言，有偿退出宅基地不能再申请新宅基地，退出宅基地不影响其承包地经营权、集体经济收益权等其他权益。

第四，创新集体对回收宅基地的使用方式，增强集体回收宅基地的动力和资金支持。集体对回收回来的宅基地进行重新规划整理，节约出来的宅基地可以由集体通过多种方式，如建造小型公寓、办公商业楼等获得财产收益，同时建立公平合理的收益分配机制。通过土地收益，改善农村环境、提升农村经济，使农村居民实实在在地受益。

第三节　农民在市民化过程中的其他土地权利的保障和实现

农民的承包地和宅基地是明确落实到农户的土地权利，这是本书的主要研究内容。但由于我国农村土地实行农民集体所有制形式，除承包地和宅基地外，集体所有的其他土地在理论上和法律上也属于农民集体，农民对这些土地同样具有一定权利，同样也应具有收益的权利。除了承包地和宅基地，能够产生收益的集体土地主要是集体经营性建设用地，随着集体经营性建设用地制度改革，集体经营性建设用地直接进入土地市场获取更大土地收益的过程中，必须保障农民在收益中的合理分配权利。另外，还要强化农民土地权利在征地过程中受到保障。征地过程不受农民自己的土地处置意愿影响，是国家公权力对基于农村土地的权益进行的强制重新分配，直接消灭了农民的土地占有权等所有土地权利。要指出的是，此处主要论述农民土地权利在这两个过程中应受到的保障和实现途径，并不对农村集体建设用地制度和征地制度改革本身展开分析。

一　明确和强化农民在集体土地收益中的分配权

如上所述，除承包地和宅基地外，农村集体所有的其他土地在理论上和法律上也属于农民集体，农民对这些土地同样具有一定权利，同样也应具有收益的权利。我国农村集体建设用地是我国整体建设用地的重要部分，2010 年，全国城乡建设用地总量为 2488 万公顷，其中农村建设用地为 1640 万公顷，占了近 2/3。其中，农民宅基地为 1333 万公顷，经营性建设用地为 307 万公顷。① 经营性建设用地是国家为了保障农村的发展，可以由农民集体或者个人进行非农业开发利用，为农民农村带来收益。对于农民来说，除了其承包地和宅基地权利，能够产生收益的主要就是集体经营性建设用地的收益分配权。

第一，构建公平透明的经营收益分配制度，明确和具化农民个人在集体资产收益中的分配权。随着改革的推进，农村集体经营性建设用地以与国有土地同样的权利、同样的价格同等进入土地一级市场，必然会产生巨大的增值收益。增值收益如何分配是土地持续地平稳地进入市场的决定条件。构建公平透明的增值收益分配机制对于落实农民的集体土地收益权具有重要意义。理论上农村经营性建设用地所有权属于集体成员共同所有，其增值收益也应当属于集体成员。因此，农民获得集体经营性建设用地的增值收益是其集体成员权利的自然延伸。所以增值收益分配不仅仅具有经济学意义，还具有农民土地权利的保障意义。按照我国现行的有关法律政策和近几年一些地方试点情况，农村集体经营性建设用地进入土地一级市场获得的增值收益应当在国家、农户和集体经济组织间进行分配。国家获取税费收益，土地总价款减去国家税费后是集体经营性建设用地进入市场的实际收益。集体获得的收益是集体全部成员的收益，可以一次性分配到集体成

---

① 数据来自《全国土地利用总体规划纲要 2006—2020》，2008 年 10 月 6 日。

员，也可以部分分配、部分集中使用。集体获得的收益分配办法要由集体成员协商决定，村委会作为村民自治组织有义务组织引导集体组织成员协商决定分配比例，但不能越俎代庖绕开村民决定分配办法，更不能把土地增值收益截留挪作他用。总之，建立合理的农村集体经营性建设用地增值收益分配机制要充分体现保障农民集体土地收益分配权。

第二，提高村民小组一级在集体土地所有权和控制权中的地位。由于农村集体所有制的主体模糊性，为了更好地保护所有土地拥有者的财产权益，作为行使集体土地权利的代表必须是接近农民、较能真正代表农民、剥离行政权力的村民小组。比起行政村和乡镇，村民小组更了解农民的土地条件和利益诉求，村民小组作为土地权利行使代表，村民小组中的农户更有可能在土地使用中分享共同利益。但在现实中，大部分村民小组组织性不高、还不具备代表农民集体行使所有权的能力，因此当前应重点采取方法培育和提高村民小组一级的能力。

第三，推进集体产权改革量化股权，明确和扩大农民集体资产股权的权能。根据现行法律法规，农民对集体资产股权事实上享有的实际权利就是分红权，党的十八届三中全会决定对农民的集体资产股份改革做了重要表述，指出农民对其集体资产股份不仅享有占有和收益的权利，还可以将这个权利进行抵押担保，也可以继承和有偿退出，事实上是扩大了原有收益分配权的权能。实现这些权能的基础，就要进行集体产权制度改革，要在将集体资产量化的基础上明确每个农民享有的股份，把"集体"概念具化为一个个具体的农民，使农民真正成为集体收益的权利主体。这一产权制度改革是实现农民集体资产股权财产属性的必要基础。

第四，以"三权分置"思路构造农民对集体土地的收益分配权。与前文通过权利再造分离出来承包地承包权和宅基地分配权类似，农民享有的集体土地收益权利也来自其集体成员身份，而基于土地集体所有制，集体成员身份无法流转给集体外成员。因此在现行制度下农民对其集体土地收益分配权并不能自由处分，抵押担保等功能也很难实现，流动性和变现性都受到严重限制。笔者建议，与农民的承包地权利和宅基地权利类似，对农民的集体收益权进行权利再造，分离出类似承包地经营权和宅基地使用权的一个权利，这个权利是农民的财产权利，农民对这个权利有自由的处置权利。如此，可以使农民集体资产股权实现财产属性，进行自由的流动和变现，使农民能够真正高效地实现土地财产收入。

二　保障农民在征地中的土地权利

当前征地运行中暴露出来的问题主要有两个方面。第一，征地目标泛化和政府征地权滥用。《宪法》《土地管理法》对征地的基本规定是基于"公共利益"需要，但同时又规定所有建设用地必须使用国有土地，如果需要使用农村的土地，也必须通过政府征地程序变为国有土地才可使用。因此，征地行为中"公共利益"的范围限定早已没有实际意义，地方政府征地行为也大大突破了这个基本规定，征地的范围可以说是各种用地项目。导致征地目标泛化的原因还有政府征地权滥用。法律规定只有市、县级以上人民政府及市、县级以上土地管理部门依据法律相关规定在法律规定的范围内才有权进行农村土地的征收征用。但是实践中一些"无权征地"的行政部门如政府其他部门、乡镇政府、建设单位甚至领导个人，凭借手中权力征收征用农民的土地。另外，一些具有征地权的行政主体无视集体和农民对土地的权利，不法征地占地行为和冲动多年来一直存在，这也是我国农民上访的最重要原因。上述两种滥用行为，违反法律法规政策，极大地损害了农民对土地的权利。我国现行征地程序不够完善，缺少合理性审查机制，缺少确定补偿标准制定的公众听证制度、缺失中立评估机构、欠缺相应的司法救助等具体规定。只规定了征地补偿安置方案需要公告，泛泛规定了听取被征地农村集体和相关农民的意见等内容，对听取多大比例农民的意见、对是否听取等都没有具体规定和监督措施。简单的程序规定直接导致了农民土地权利受损害和权力寻租、腐败行为的产生。第二，补偿标准改革路径依赖严重，补偿分配不合理。补偿费是征地行为的核心，直接关系到被征地农民的权益。按照《土地管理法》规定，征收耕地的补偿费分为三部分计算。一是土地补偿费，土地补偿费以该耕地被征用前三年平均年产值作为基数，要补偿6—10倍。二是安置补助费，安置补助费是按照因为征地导致需要安置的农民人数计算，计算基数也是该耕地被征收前三年平均年产值。基于我国国情，农民人均耕地本来就很少，按照农业生产计算的年产值也很少，几十年来，经过多次改革和调整，但计算补偿费的基数仍然是耕地平均年产值，很不科学也很不公平。年产值是基于土地用于农业生产，农地农用的基础上的收入水平，而土地通过国家征收，用途发生了巨大改变，不再用于农业生产，而是用于空间承载，征地地块的选择主要是取决于土地地理位置，今后土地产生的收益也与农业生产没有关系。因此，农民获得的土地补偿费的确定应该与被征地所处的区位、区域经济发展状况及区域基础设施条件等紧密相关，而不是与土地改变用途前的土地年产值直接关联。三是地上附着物和青苗的补偿费。另外，由于征地行为导致的邻接地、残存地等农民实际损失均没有列入征地补偿范围，没有得到必要的补偿。比起补偿标准机制问题，补偿不能向集体和农民足额发放现象也很严重，不少市、县利用行政权力截留、挪用应该发放给农民的补偿费，补偿费受侵吞的现象在我国普遍存在。

上述征地中出现的种种问题，从制度本身而言，主要有三方面的原因。第一，征地制度设计思想不公平。主要表现是征地制度设计过分强调了城市和工业的发展，忽视了农民对土地的权利和农民基于土地的发展权。这种设计思想上的不公平，直接形成了征地过程中的强制性、补偿不合理性。第二，国家对土地出让的绝对控制。法律规定城市所有建设用地必须使用国有土地，如需要使用农村集体建设用地，也必须通过政府征地程序变为国有土地才可使用。随着经济发展和城镇化进程，使用农村土地作为城市发展建设用地是必要的，但因为国家对一级土地市场的绝对垄断，各类发展用地如果需要农村土地都需要进行征地，征地范围势必要大大突破"公共利益"的规定，事实上形成了国家权力对私人权利的侵害。第三，政府权力滥用。农村土地必须通过征收转变为国家土地，这是国家征地的法律依据。问题是在征地过程中政府权力滥用相当普遍。一些地方政府打着"征地"的旗号，圈占农民的土地，引发了激烈的社会矛盾，形成了现实的社会冲突。

征地中存在的这些问题及其形成原因，最直接的后果是侵犯了农民对土地的占有、使用等权利。农民在政府征地中直接失去了对土地的占用权和基于占有权的其他权利，又无法得到合理的收益。确实保障农民土地权利，应该是当前征地制度改革的出发点和改革方向。

第一，缩小征地范围，通过集体土地入市打破国家对土地供给的绝对垄断。缩小征地范围是保障农民土地权利不受征地行为侵害的根本要求，但经济还要发展，城市还要扩大，缩小征地范围就意味着必须为经济发展和城市扩大提供新的供地方式。因此，征地范围缩小的改革必须结合农村集体经营性建设用地进入土地一级市场的改革同步统筹设计和推进，通过建立城乡一体的建设用地市场，非公益性用地不再必须通过征地方式供给，而由农村集体经营性建设用地直接向用地主体进行土地供给。如此，征地范围就能大大减少，由于征地导致新增的土地权利受损的农民也会大大减少，也才能从根本上减少农民土地权利受侵犯的可能。

第二，跳出征地补偿标准制定路径惯性，构建体现土地增值、农民土地权利、农民社会保障的征地补偿机制。基于多数人"公共利益"的征地成本绝对不能由少数农民承担，要由国家进行补偿。我国现行的征地补偿标准背离市场价值，固化于土地种植经营的收入水平，既没有反映征地后的巨额增值事实，也没有反映农民脱离农业生产生活后的发展需求。改革征地补偿标准的思路应该确立在遵循市场原则、符合价值规律的改革总体方向上。具体来说，征地补偿标准应以征地后土地通过用途转变成为建设用地的区位条件为计算依据，脱离以农业生产产出作为计算基数的制度惯性。比对同区位的土地价值，引入第三方对土地价格进行评估，综合土地面积、承载农业人口等因素确定。征地补偿费应由两部分组成，一部分是征地时给予的以现金补偿为主的补偿费用，这部分补偿费大部分应以现金形式发放给每个农户；另一部分还必须单独足额安排对被征地农民的社会保障资金，保证农民脱离土地的保障后能够接续到新的社会保障体系中。另外还要对农民分配未来土地增值的权利进一步明确，对被征地农民形成持续性的保障。

第三，在征地程序中更多体现农民参与权。具体而言，应逐步重点完善五个程序：一是征地方案确立程序。在这一过程中要强化农民集体的知情权和参与权，对征地是否符合土地利用规划和公共利益需要做合理性质疑。二是征地方案的公布和听证程序。这一程序重点规范农民参与征地的权利实现，其中社会听证制度和评议是主要内容。这一程序应强化农民对自己土地的被征收情况和具体安排的知情权和参与权。三是征地的审查核准程序。重点是由利益独立的部门对是否进行征地进行核准，避免用地单位和征地实施部门的干扰。四是征地实施程序。包括补偿标准计算、如何发放现金补偿、被征地农民如何加入城镇社会保障体系、持续性补偿如何分配等问题。五是征地的监督程序。包括社会监督、纪律监督、法律监督。这些监督必须由法律法规进行明确，并且要提高违法违规成本。

第八章　结论

第一，农村土地制度的变迁和农民土地权利制度的演变不仅影响农村和农民，对我国整体经济社会发展也有着重大的影响，农民的土地权利诉求必须合理体现在制度供给中。农民的土地权利是一个权利束，在农民市民化过程中最重要的是要体现农民土地权利的财产价值和收益权利。从农村土地制度变迁和农民土地权利演变中可以看出，土地制度的变迁基本上是政府强制性推动模式，本书分析的四次土地制度变迁，尽管都存在一定的诱致性因素，但政府强制性因素是制度变迁的主要动力。农民在制度变迁中一直处于弱势地位，或取或予，农民自己对土地权利的意愿没有得到应有的体现，而这是当前改革必须要重视的问题，历史告诉我们，如果农民对土地权利的诉求及其新变化不能合理体现在改革方向中，改革或失败或束之高阁，成功的改革必然要合理体现农民的需求，农民土地权利的制度变化必须要回应农民的意愿和权利诉求，和最广大农民的诉求发生偏离，再好的制度也无法起到实效。背离农民诉求的制度安排不仅无助于经济发展，反而会造成社会的不稳定。

第二，现行农村土地制度没有回应农民在当前市民化动态过程中的权利诉求变化，导致农民在现实中的土地权利贫困，进而制约着农民市民化进程。现行农村土地制度的产生是基于我国城乡二元结构的基础，把农民禁锢在农村土地上，旨在农村支持城市、农业支持工业，这是一种静态的制度需求，几十年来对我国国民经济社会发展起到了重要的作用。但是，当前二元社会要融为一元，农民要实现市民化，要进入城市生产生活，一部分农民已经转变为"农民工"，保留着农民身份、主要工作在城镇，流动在城乡之间，这是一种动态的二元结构。在动态二元结构中，农民在农村的财产、权利、财富如何在市民化过程中带到城市去，农民要实现市民化如何依靠其土地权利的实现，就成为当前新的制度诉求。而由于现行农村土地制度并没有回应这些新诉求，因此导致了各种各样的农民土地权利贫困的具体现象，权利贫困反过来严重制约着农民的市民化进程。

第三，根据实证分析，农民在市民化进程中的土地权利诉求开始分离且变得多元。在市民化过程中，农民对其土地权利的诉求开始分离并表现出两部分截然不同的土地诉求：一部分要保留土地的社会保障和增强抵御各类风险的作用，而另一部分要通过增强土地权利的市场交易和配置功能实现土地的财产价值。农民对土地权利诉求的多元化分离就必然要求制度供给要对农民手中的土地权利进行分离并做出相应的产权制度安排，这既是对农民诉求回应的必然要求，也是当前农村土地制度改革的必然选择。农民的多元诉求必然要求农民土地权利进一步分离和明晰。大多数农民工选择保留土地是其在当前土地权利制度下最安全但也最无奈的选择，农民的土地权利需要在市民化动态过程中实现。

第四，根据我国当前经济社会发展阶段以及借鉴国外土地权利价值取向演变趋势，现阶段农民土地权利的价值取向应由重"绝对所有"向重"物的利用"转变、由重"静态权利"向重"动态权利"转变、由重"实物形态"向重"价值形态"转变。当前城镇化背景下对农民土地权利的规范性质应形成以下判断：农民土地权利是农民正当的合法权利、农民土地权利应是一种实质平等的公民权利、农民土地权利应是一种包含自由的财产权利，而政府是农民土地权利实现与保障的义务客体。

第五，当前农民土地权利制度改革的逻辑是：（1）当新的利益关系随着经济社会的发展演进到一定程度时，旧的经济制度必须发生相应的变迁，才能使各经济主体重新处于均衡的利益关系之中，权利制度变迁必须契合经济社会发展演变，制度变迁是实现社会利益关系由非均衡向均衡转变的基本方法，也是促进经济发展的基本手段。（2）在这个演变过程中，最突出的特征就是城乡"静态二元格局"演变为"动态二元格局"，现行的农民权利制度是与过去的"静态二元格局"相适应的，"静态二元结构"是在计划经济体制下基于农民与市民两种不同的户籍身份建立城市与农村、市民与农民两种权利不平等且互相隔绝的独立部分，而当前农民不再固守农村，农民既要进城利用其他土地资源，同时还要保有他们的土地权利应对市民化过程中可能出现的各类风险（涉及个人能力、城市接纳能力等问题），这就演变为新的"动态二元格局"。（3）在这种"动态二元格局"下，由于农民和土地出现了物理性的"人地分离"，农民保留的土地必须通过让其他主体利用来提高土地资源利用效率、增加土地财产收入和社会效益；同时，其他主体对土地的利用又不能影响农民在土地上的长期权利。这些制度需求长期得不到满足，农民土地权利格局在社会转型中受到内外因的双重作用产生非均衡性，这就是产生农民权利贫困问题的最根本原因，制度变迁就应该尽最大可能满足这些制度需求。（4）农民对其土地权利从"静态二元结构"中通过占有土地、经营土地获得收益的"单一诉求"演变为"动态二元结构"，既要保证自己在土地上的长期权利和长远预期以应对市民化过程中的各类风险，还要通过对手中的土地权利市场化配置增强土地财产性以获得更多土地收益。（5）农民的多元诉求必然要求农民土地权利进一步分离和明晰，契合农民对土地权利的多元诉求是当前农村土地制度变迁的首要取向。

第六，在农民市民化进程中，必须在坚持集体所有制的同时，以"三权分置"为原则对农民土地权利进行细分：一部分权利用来体现农民对保留土地应对风险的需求，要稳定农民的这部分权利，另一部分权利用来实现土地资源的利用价值，这部分权利要从农民手里让渡给不限于集体范围的主体。对承包地来说，集体所有权仍然必须坚持，将农民的使用权也就是承包经营权分离成两个权利：承包权和经营权，承包权归农户，分离出来的经营权可通过多种方式流转向不限于集体范围的其他主体。与承包地类似，"三权分置"的思路可以用来改造农民其他土地权利，包括农民的宅基地使用权和集体土地收益分配权。

第七，分解承包经营权。按照"三权分置"思路，坚持农村土地集体所有制的同时，将农民的承包经营权进行进一步分离，承包经营权分解为承包权和经营权。承包权由集体内农民个人所有，其他人不能享有，农民也不能将承包权转给集体外主体，承包权主要体现的包括农民基于集体成员身份承包土地、继承土地、获得征地补偿、退出土地的权利，经营权则主要指经营耕作土地的权利，随着农民市民化进程，经营权不再由农民单一群体行使，可以由农民自主决定转让给集体外主体行使。具体来看，当前农民通过承包地实现土地财产权利的方式，主要包含经营权流转、经营权抵押担保和承包权退出三种途径，笔者以这三种具体权利的实现途径展开研究并提出政策建议。

第八，分解宅基地使用权。按照"三权分置"的思路，同承包地一样，宅基地的所有权归集体所有；农民的宅基地基于其集体成员的身份而从集体分配获得，类似于耕地的承包权，笔者称之为"分配权"，这个权利不能自由转让，只能转让给同一集体组织的成员；而与耕地经营权从承包权分离出来类似，宅基地"分配权"分离出来"使用权"，这个权利单独或与建于宅基地上的住房构成一个完整的财产权利，农民可以自由处置，用于抵押、担保、转让。具体到当前宅基地权利的实现方式，主要包含宅基地流转、宅基地有偿退出、宅基地和住房抵押担保三种途径。笔者就这三种途径分别进行研究并提出政策建议。

　　展望未来 20 年，城镇化仍是我国经济社会发展的主要依托和重要形态，农民市民化、实现人的城镇化将是其中的浓重一笔，是政策必须考量的重要诉求。只有以实现"人的发展"为核心，关注农民的公平发展权利，才能实现高质量的城镇化，才能实现中华民族的伟大复兴。本书出版的目的是分析农民在当前的市民化进程中应有的土地权利和实现途径，构建可行的改革思路和政策框架。从总体上看，本书仍是粗线条的。"三权分置"思路尽管已经成为国家层面的制度设计，但如何细化落实，在实际运行中会产生什么新问题，还需进一步跟踪和深入研究。"三权分置"思路用于宅基地制度改革会引致其他何种问题，是否能切实起到保障农民宅基地权利的作用，都还需要进一步探讨。依据"三权分置"思路的政策细化和实践操作将成为笔者今后重点关注和研究的方向。

参考文献

Alonsow. Location and Land Use: Towards a General Theory of Land Rent, Harvard University Press, Cambridge, 1964.

Franz von Benda-Beckmann. *A Functional Analysis of Property Rights. Property Rights and Economic Development: Land and Natural Resources in South-East Asia and Oceania.* Kegan Panl, London, 1999.

Chan, Kam Wing, Li Zhang. *The Hukou System and Rural-urban Migration in China: Processes and Changes.* the China Quarterly, 1999.

Demsetz, H. "Toward a Theory of Property Rights". *America Economic Review*, Vol. 57, No. 2, 1967.

Douglas C. Maemillan. *An Economics Case for Land Reform.* Land Use Poliey, 2000.

Johnson D. G. *Property Rights in Rural China.* Mineo, 2000.

Louis Putterman. "The Role of Ownership and Property Rights in China's Economic Transition". *The China's Quarterly*, No. 144, 1995.

MEIY, XIAO X. "Reserch on Rural Tourism Development Based on the New Policy of Land Circulation". *Asian Agiricultural Research*, Vol. 1, No. 5, 2009.

Michael Carter、姚洋:《工业化、土地市场和农业投资》,《经济学季刊》2004 年第 4 期。

Nicholas Stern:《消除中国的贫困》,在北京大学的演讲,2001 – 06 –

14. http：//old. ccer. edu. cn/cn/ReadNews. asp？NewsID＝649.

Ostrom E. *Governing the Commons*：*the Evolution ofInstitutions for Collective Action.* Cambridge University Press，1990.

Rozelle，ete. *Land Tenure*，*Property Rights*，*and Productivity in China's Agricultural Sector.* Mimeo，1996.

Stevenson. *Common Property Economies.* Cambridge University Press，1991.

Wei Hu．"Household Land Tenure Reform in China：Its Impacts on Farming Land Use and Agro-environment"．*Land Use Poliey*，Vol. 14，No. 3，1997.

Yuhw，Song F，Lix H．"Emipirical Analysis on Factos Affecting Dem and Scale of Land Circulation in Rural China"．*Asina Agriculture Reserch*，Vol. 1，No. 8，2009.

安希伋：《土地国有永佃制》，《中国农村经济》1998 年第 11 期。

毕宝德：《土地经济学》，中国人民大学出版社 2005 年版。

蔡继明、方卓：《对农地制度改革方案的比较分析》，《社会科学研究》2005 年第 4 期。

蔡继明：《土地私有化有利于农民的利益，房屋应有永久产权》，凤凰网财经，2011 年 7 月 4 日。

蔡继明：《中国土地制度改革论要》，《东南学术》2007 年第 3 期。

柴强：《各国（地区）土地制度与政策》，北京经济学院出版社 1993 年版。

陈波冲、郝寿义、杨兴宪：《中国城市化快速发展的动力机制》，《地理学报》2004 年第 6 期。

陈东琪：《新土地所有制》，重庆出版社 1989 年版。

陈俊艳、邝山、王振起：《我国农村土地承包经营权流转存在的问题及对策》，《畜牧与饲料科学》2010 年第 1 期。

陈尚春：《以市场经济手段合理配置土地资源》，《国土资源通讯》

2006 年第 2 期。

陈甦：《土地承包经营物权与农地使用权制度的确立》，《中国法学》
1996 年第 6 期。

陈锡文、韩俊：《如何推进农民土地使用权合理流转》，《农业工程技术》2006 年第 1 期。

陈锡文：《关于我国农村的村民自治制度和土地制度的几个问题》，《经济社会体制比较》2001 年第 5 期。

陈锡文：《土地制度的改革要考虑多方面的因素》，《农村工作通讯》2011 年第 11 期。

陈霄：《农民宅基地退出意愿的影响因素——基于重庆市"两翼"地区 1012 户农户的实证分析》，《中国农村观察》2012 年第 3 期。

陈小君、蒋三省：《宅基地使用权制度：规范解析、实践挑战及其立法回应》，《管理世界》2010 年第 10 期。

陈小君等：《农村土地法律制度研究——田野调查解读》，中国政法大学出版社 2004 年版。

陈中泽、黄艳：《我国土地征用补偿制度的缺失与完善》，《武汉理工大学学报》（社会科学版）2005 年第 4 期。

程世勇、江永基：《农村宅基地流转中的市场失灵和政府行为》，《农村经济》2010 年第 6 期。

程漱兰：《中国农村发展：理论和实践》，中国人民大学出版社 1999年版。

程郁、张云华、王宾：《农村土地产权抵质押：理论争论、现实困境和改革路径》，《金融监管研究》2014 年第 10 期。

迟福林、王景新、唐涛：《赋予农民长期而有保障的土地使用权》，《中国农村经济》1999 年第 3 期。

迟福林主编：《中国农民的企盼——长期而有保障的土地使用权》，外文出版社 1999 年版。

党国英：《当前中国农村土地制度改革的现状与问题》，《华中师范大学学报》（人文社科版）2005 年第 4 期。

邓大才：《效率与公平：中国农村土地制度变迁的轨迹与思路》，《经济评论》2000 年第 5 期。

邓宏图、崔宝敏：《制度变迁中土地产权的性质与合约选择：一个有关合作经济的案例分析》，《管理世界》2008 年第 6 期。

丁建、陈焱：《土地应该成为农民的财产》，《新世纪周刊》2008 年第 10 期。

杜润生：《给农民创造一个更好的制度环境》，《中国改革》2000 年第 10 期。

樊纲：《两种改革成本与两种改革方式》，《经济研究》1993 年第 1 期。

冯开文：《聚集还是稳定？——对近年农村土地制度创新的历史反思》，《中国农业大学学报》（社会科学版）2013 年第 2 期。

付光辉、刘友兆、吴冠岑：《论城乡统筹发展背景下城乡统一土地市场构建》，《中国土地科学》2008 年第 2 期。

甘藏春：《让被征地农民真正分享城市化成果——学习中央领导同志重要讲话精神的体会》，《国土资源通讯》2011 年第 22 期。

甘藏春：《土地管理法制建设若干问题》，《中国土地》2010 年第 6 期。

甘藏春：《以制度创新推动社会经济发展——重温〈土地管理法〉的全面修订》，《国土资源》2011 年第 10 期。

高飞：《集体土地所有权主体制度研究》，法律出版社 2011 年版。

高圣平、刘守英：《集体建设用地进入市场：现实与法律困境》，《管理世界》2007 年第 3 期。

龚涛：《基于城乡统筹发展视角的农村宅基地使用权流转问题分析》，《农村经济》2011 年第 4 期。

郭冠男：《"三权分置"给农村土地改革添活力》，《北京日报》2015 年 12 月 18 日。

郭冠男：《城镇化背景下农村宅基地制度及其权益研究》，《宏观经济管理》2013 年第 11 期。

郭冠男：《围绕地权赋予农民更多财产权利》，《宏观经济管理》2014 年第 3 期。

郭晓鸣：《以还权赋能为主线的市场化进程——简评成都市农村土地制度改革评价》，《四川党的建设》（城市版）2009 年第 3 期。

郭晓鸣：《中国农村土地制度改革：需求、困境与发展态势》，《中国农村经济》2011 年第 4 期。

国家土地督察局成都局：《农村土地管理制度改革探索》，中国大地出版社 2009 年版。

国土资源部：《关于加强农村宅基地管理的意见》，2004 年 11 月 2 日，http：//fjgtfw. cqgtfw. gov. cn/html/bsfw/zhgl/06/11/24. html。

国务院：《村镇建房用地管理条例》，1982 年 2 月 13 日，http：//www. 360doc. com/content/14/0523/11/17339878_ 380160247. shtml。

国务院：《关于制止农村建房侵占耕地的紧急通知》，1981 年 4 月 17 日，http：//www. people. com. cn/item/flfgk/gwyfg/1981/112401198103. html。

国务院：《土地管理法实施细则》，1998 年 12 月 27 日，http：//www. chinaacc. com/new/63/74/1991/2/ad826114101114219915110. htm。

国务院办公厅：《关于加强土地转让管理严禁土地炒卖的通知》，1999 年 5 月 6 日，http：//www. mlr. gov. cn/zwgk/flfg/tdglflfg/2004 12/t20041227_ 63701. htm。

国务院发展研究中心"中国土地政策改革"课题组、李青、李剑阁等：《中国土地政策改革：一个整体性行动框架》，《中国发展观察》2006 年第 5 期。

国务院发展研究中心课题组：《农民工市民化制度创新与顶层政策设计》，中国发展出版社 2011 年版。

韩俊：《当前我国"三农"形势与政策思路》，《大连干部学刊》2012 年第 2 期。

韩俊：《破解三农难题：30 年农村改革与发展》，中国发展出版社 2008 年版。

韩俊：《中国农村土地问题调查》，上海远东出版社 2009 年版。

韩俊主编：《调查中国农村》，中国发展出版社 2009 年版。

韩康：《宅基地制度存在三大矛盾》，《人民论坛》2008 年第 7 期。

何炼成、何林：《实行农地制度国有化的设想》，《红旗文稿》2004 年第 3 期。

贺雪峰：《就地权逻辑答周其仁教授》，《华中农业大学学报》（社会科学版）2013 年第 3 期。

胡瑞卿：《农地制度变迁模式的比较与选择》，《农业经济问题》2002 年第 3 期。

黄小虎：《从土地财政与土地金融分析中国土地制度走向》，《上海国土资源》2012 年第 2 期。

黄小虎：《赋予农村土地完整的财产权》，《资源与人居环境》2009 年第 14 期。

黄小虎：《国有化解决不了集体土地问题》，财新网专访，2014 年 3 月 3 日。

黄小虎：《征地制度改革的历史回顾与思考》，《上海国土资源》2011 年第 2 期。

贾生华：《论我国农村集体土地产权制度的整体配套改革》，《经济研究》1996 年第 12 期。

姜爱林：《中国城镇化发展的历史变迁》，《重庆行政》2002 年第 3 期。

姜国祥：《农民收入增幅持续下降的制度性原因分析》，《华东师范大学学报》（哲学社会科学版）2004 年第 1 期。

姜作培：《城乡统筹发展的科学内涵与实践要求》，《经济问题》2004 年第 6 期。

蒋省三、韩俊主编：《土地资本化与农村工业化——南海发展模式与制度创新》，山西经济出版社 2005 年版。

蒋省三、刘守英、李青：《中国土地政策改革——政策演进与地方实施》，上海三联书店 2010 年版。

蒋省三、刘守英：《土地资本化与农村工业化——广东省佛山市南海经济发展调查》，《经济学季刊》2004 年第 4 期。

金松青、Klaus Deininger：《中国农村土地租赁市场的发展及其在土地使用权公平性和效率性上的含义》，《经济学季刊》2004 年第 4 期。

靳相木：《中国乡村地权变迁的法经济学研究》，中国社会科学出版社 2005 年版。

孔祥智：《聚焦"三农"》，中国编译出版社 2004 年版。

黎霆、赵阳、辛贤：《当前农地流转的基本特征及影响因素分析》，《中国农村经济》2009 年第 10 期。

黎元生：《农村土地产权配置市场化与制度改革》，《当代经济研究》2007 年第 3 期。

黎元生：《推进农村土地产权制度改革的思路》，《经济研究参考》2007 年第 36 期。

李超、郭沛、郗希：《农户房产抵押贷款意愿及影响因素分析》，《农村金融研究》2014 年第 2 期。

李承民、李世灵：《农村改革的深层障碍与土地产权构建——兼述我们同流行的理论观点的分歧》，《中国农村经济》1989 年第 6 期。

李存、任大鹏：《农村土地承包经营权登记制度有待完善》，《农村经营管理》2011 年第 6 期。

李建华、杨代雄：《我国土地用益物权体系的立法构造》，《民商法学》2004 年第 8 期。

李录堂：《双重保障型农地市场流转机制研究》，陕西人民出版社 2014 年版。

李平：《土地国有租赁经营》，《农业经济问题》1988 年第 12 期。

李文谦、董祚继：《质疑限制农村宅基地流转的正当性——兼论宅基地流转试验的初步构想》,《中国土地科学》2009 年第 3 期。

理查德·A. 波斯纳:《法律的经济分析（上)》,中国大百科全书出版社 1997 年版。

梁慧星主编:《中国物权法研究》,法律出版社 1998 年版。

梁亚荣:《我国农地所有权制度的变迁与创新》,《华南农业大学学报》2006 年第 2 期。

林翙:《中国经济发展进程中农民土地权益问题研究》,经济科学出版社 2009 年版。

林毅夫:《制度、技术与中国农业发展》,上海三联书店 2005 年版。

刘得宽:《民法诸问题与新展望》,中国政法大学出版社 2002 年版。

刘福海:《中国农村土地制度研究》,中国农业大学出版社 2006 年版。

刘俊:《土地的所有权国家独占研究》,法律出版社 2008 年版。

刘守英:《按照依法、自愿、有偿的原则进行土地承包经营权流转》,《求是》2003 年第 5 期。

刘守英:《集体土地资本化与农村城市化——北京市郑各庄村调查》,《北京大学学报》2008 年第 6 期。

刘书楷主编:《土地经济学》,中国矿业大学出版社 1997 年版。

刘淑春:《中国农地产权改革模式比较研究综述》,《安徽农业科学》2010 年第 29 期。

刘双良:《农村宅基地使用权的流转与退出机制》,《重庆社会科学》2010 年第 6 期。

刘小玲:《建立我国城乡一体的土地市场体系探索》,《南方经济》2005 年第 8 期。

刘勇:《中国城镇化战略研究》,经济科学出版社 2004 年版。

龙开胜、陈利根:《基于农民土地处置意愿的农村土地配置机制分析》,《南京农业大学学报》(社会科学版) 2011 年第 4 期。

卢艳霞、胡银根、林继红等:《浙江农民宅基地退出模式调研与思考》，《中国土地科学》2011年第1期。

陆学艺：《社会主义新农村建设需要改革现行土地制度》，《东南学术》2007年第3期。

罗伯特·考特、托马斯·尤伦：《法和经济学》，上海三联书店1991年版。

罗伊·普罗斯特曼、蒂姆·汉斯达德、李平：《关于中国农村土地制度改革的若干建议》，《中国改革》1995年第8期。

梅夏英：《财产权构造的基础分析》，人民法院出版社2002年版。

牛若峰、李成贵、郑有贵：《中国的"三农难题"：回顾与展望》，中国社会科学出版社2004年版。

农业部：《农村土地承包经营权流转管理办法》，2005年1月19日，http：//www.china.com.cn/chinese/PI-c/782543.htm。

农业部：《中华人民共和国农村土地承包经营权证管理办法》，2003年11月14日，http：//www.mlr.gov.cn/zwgk/flfg/tdglflfg/200406/t20040625_14928.htm。

潘华顺：《关于农村土地双重所有制的理论探讨》，《中国软科学》2000年第7期。

戚迪明、张广胜：《农民工流动与城市定居意愿分析——基于沈阳市农民工的调查》，《农业技术经济》2012年第4期。

钱明星：《我国用益物权体系的研究》，《北京大学学报》（哲学社会科学版）2002年第1期。

钱忠好：《三论农村土地的复合所有制》，《扬州大学学报》1999年第2期。

钱忠好：《中国农村土地制度变迁和创新研究》，社会科学文献出版社2005年版。

钱忠好：《中国农村土地制度历史变迁的经济学分析》，《江苏社会科学》2000年第3期。

渠涛：《中国农村土地财产权民法制度论》，载《民法理论与制度比较研究》，中国政法大学出版社 2004 年版。

曲福田：《中国农村土地制度的理论探索》，江苏人民出版社 1991
　　年版。

曲福田：《中国土地制度研究》，中国矿业大学出版社 1997 年版。

《中华人民共和国民法通则》，1986 年 4 月 12 日，http：//www. npc.
　　gov. cn/wxzl/wxzl/2000 － 12/06/content_ 4470. htm。

《中华人民共和国物权法》，2007 年 3 月 16 日，http：//www. gov. cn/
　　flfg/2007 － 03/19/content_ 554452. htm。

《中华人民共和国农村土地承包法》，2002 年 8 月 29 日，http：//
　　www. gov. cn/gongbao/content/2002/content_ 61729. htm。

《中华人民共和国农业法》，2002 年 12 月 28 日，http：//www. gov.
　　cn/ziliao/flfg/2005 － 09/12/content_ 30998. htm。

《中华人民共和国农业技术推广法》，2012 年 8 月 13 日，http：//
　　news. xinhuanet. com/politics/2012 － 08/31/c_ 11 2921575. htm。

《中华人民共和国土地管理法》，1986 年 6 月 25 日，http：//www.
　　td148. com/ShowArticle. shtml？ ID ＝ 20092922281157378. htm。

《中华人民共和国土地管理法》，1998 年 8 月 29 日，http：//www.
　　people. com. cn/item/faguiku/jjf/T1060. html。

《中华人民共和国土地管理法》，2004 年 8 月 28 日，http：//news.
　　xinhuanet. com/zhengfu/2004 － 08/30/content_ 1925451. htm。

《农业生产合作社示范章程草案》，1955 年 11 月 9 日，http：//www.
　　chinalawedu. com/news/1200/22016/22030/22435/22447/2006/3/ch
　　103512262615236002594 － 0. htm。

任庆恩：《中国农村土地权利制度研究》，博士学位论文，南京农业
　　大学，2003 年。

沈守愚：《土地法学通论》，中国大地出版社 2002 年版。

盛荣、许惠渊：《城乡一体化背景下农村宅基地制度改革探索》，《国
　　土资源》2004 年第 10 期。

孙华玲：《农村土地制度改革之我见》，《山东经济战略研究》2005 年第 3 期。

孙宪忠：《让事实告诉我们农民的要求是什么》，《中外法学》2005 年第 3 期。

孙宪忠：《物权法论》，法律出版社 2001 年版。

孙玉娟、赵琳、赵丽媛：《农民利益诉求渠道不畅的成因分析》，《内蒙古农业大学学报》（社会科学版）2009 年第 1 期。

陶云燕：《农村土地权利研究》，博士学位论文，西南政法大学，2004 年。

王建勋、许志永、萧瀚：《法律应捍卫农民土地所有权》，《经济观察报》2007 年 11 月 19 日。

王利明、周友军：《论我国农村土地权利制度的完善》，《中国法学》2012 年第 1 期。

王利明：《物权法论》，中国政法大学出版社 1998 年版。

王琦：《中国农村土地承包经营权制度的法理学分析》，博士学位论文，吉林大学，2011 年。

王小映：《土地制度变迁与土地承包物权化》，《中国农村经济》2000 年第 1 期。

温锐：《农村土地产权制度创新的认识障碍》，《福建师范大学学报》2006 年第 2 期。

温铁军：《农民社会保障与土地制度改革》，《学习月刊》2006 年第 19 期。

温铁军：《三农问题与世纪反思》，生活·读书·新知三联书店 2005 年版。

温铁军：《我国为什么不能实行农村土地私有化》，《红旗文稿》2009 年第 2 期。

文贯中：《农地私有化势在必行》，《财经时报》2005 年 10 月 10 日。

文贯中：《土地制度：仅有公平是不够的》，《中国经济导报》2003 年

1 月 23 日。

文建龙、肖泽群：《权利贫困的社会危害及其治理对策》，《赤峰学院学报》（汉文哲学社会科学版）2008 年第 1 期。

邬黎平：《对深化我国农村土地制度改革的思考》，《中国科技信息》2005 年第 8 期。

吴克宁、马素兰：《中国农村土地产权制度改革探讨》，《中国土地科学》2005 年第 4 期。

奚正刚、夏靖：《土地市场寻租行为的对策研究》，《探索与争鸣》2005 年第 12 期。

夏锋：《让土地成为农民财产性收入来源》，《上海证券报》2008 年 3 月 5 日。

项继权、罗峰：《中国农地制度改革的方向和条件》，《华中师范大学学报》（人文社会科学版）2007 年第 3 期。

徐绍史：《加强土地宏观调控 探索宅基地退出机制》，国土资源部网站，2010 年 2 月 2 日。

徐伟声：《对畅通群众利益诉求渠道的探讨》，《临沧师范高等专科学校学报》2011 年第 4 期。

许经勇：《我国农村土地产权制度改革的回归与前瞻——形成有利于保证农民合法权益的土地产权制度》，《经济学动态》2008 年第 7 期。

严燕、杨庆媛、张佰林、臧波：《非农就业对农户土地退出意愿影响的实证研究》，《西南大学学报》（自然科学版）2012 年第 6 期。

杨光：《我国农村土地承包经营权流转法律问题研究》，博士学位论文，吉林大学，2013 年。

杨小凯、江儒山：《中国改革面临的深层问题：关于土地制度改革》，《战略与管理》2002 年第 5 期。

杨小凯：《土地产权与宪政共和》，《南方周末》2003 年 5 月 22 日。

杨仪新：《论我国土地承包经营权的缺陷及其对策——兼论建立地上

权和永佃权的必要性和紧迫性》,《河北法学》2000 年第 1 期。

杨雍哲、段应碧:《论城乡统筹发展与政策调整》,中国农业出版社
2004 年版。

姚扬:《中国农地制度:一个分析框架》,《中国社会科学》2000 年第
2 期。

叶向阳、吕志强、任国权等:《农村集体土地产权制度研究》,《中国
法学》1993 年第 6 期。

于建嵘:《土地应该真正成为农民的财产》,《华中师范大学学报》
(人文社会科学版)2008 年第 3 期。

袁志刚、解栋栋:《统筹城乡发展:人力资本与土地资本的协调再配
置》,《新华文摘》2010 年第 21 期。

《城镇个人建造住宅管理办法》,1983 年 6 月 4 日,http://www.china.
com.cn/law/txt/2001 - 12/03/content_ 5082 182.htm。

张朝尊主编:《中国社会主义土地经济问题》,中国人民大学出版社
1991 年版。

张光宏、杨明杏:《中国农村土地制度的创新》,《管理世界》2001 年
第 4 期。

张广荣:《我国农村集体土地民事立法研究轮岗——从保护农民个体
土地权利的视角》,中国法制出版社 2004 年版。

张红宇:《中国农村土地产权政策持续创新——对农地使用制度变革
的重新批判》,《管理世界》1998 年第 6 期。

张建华:《农村宅基地使用权流转模式探讨》,《中国房地产》2005 年
第 3 期。

张少鹏:《土地使用权是独立的不动产物权》,《中国法学》1998 年第
6 期。

张蔚:《快速城镇化进程中农村土地退出机制研究》,博士学位论文,
西南大学,2011 年。

张晓山:《农民土地财产权利如何实现》,《今日中国论坛》2009 年第

1 期。

张晓山：《中国农村土地制度变革的回顾和展望》，《学习与探索》
2006 年第 5 期。

张新光：《建立复合型农地产权制度是下一步深化农村改革的重点》，
《中国信息报》2004 年 6 月 4 日。

张秀智、丁锐：《政府财政投资是影响宅基地退出的主要因素》，《经
济研究参考》2010 年第 18 期。

张怡然、邱道持、李艳等：《农民工进城落户与宅基地退出影响因素
分析》，《中国软科学》2011 年第 2 期。

张云华等：《完善与改革农村宅基地制度研究》，中国农业出版社
2011 年版。

张云华等：《中国农地流转问题调查》，上海远东出版社 2012 年版。

赵国玲、杨钢桥：《农户宅基地流转意愿的影响因素分析——基于湖
北二县市的农户调查研究》，《长江流域资源与环境》2009 年第
12 期。

赵美玲：《我国现行农地制度的弊端和新农地制度研究》，《南开经济
研究》1998 年第 6 期。

赵民：《借鉴国际经验完善我国的土地权利制度》，《国外城市规划》
2001 年第 1 期。

赵强军、赵凯：《农户退出宅基地意愿影响因素分析——基于陕西杨
凌、武功 214 家农户的调研》，《广东农业科学》2012 年第 6 期。

赵阳：《城镇化背景下的农地产权制度及相关问题》，《经济社会体制
比较》2011 年第 2 期。

郑涛：《城镇化进程中失地农民利益诉求问题研究》，博士学位论文，
华东师范大学，2013 年。

中共中央、国务院：《关于当前农业和农村经济发展的若干政策
措施》，1993 年 11 月 5 日，http：//sifaku. com/falvfagui/111/8p8zp3
a6ec0c. html。

中共中央：《关于各地对社员宅基地问题作一些补充规定的通知》，1963 年 3 月 20 日，http：//www. 110. com/fagui/law_ 8. html。

中共中央：《关于农业和农村工作若干重大问题的决定》，1998 年 10 月 14 日，http：//news. takungpao. com/history/wengu/2013 － 10/1985655. html。

中共中央：《关于全面深化改革若干重大问题的决定》，2013 年 11 月 12 日，http：//www. sn. xinhuanet. com/2013 － 11/16/c_ 118166672. htm。

中共中央：《关于土地问题的指示》，1946 年 5 月 4 日，http：//cpc. people. com. cn/GB/69112/73583/73601/73623/5069099. html。

中共中央：《关于推进农村改革发展若干重大问题的决定》，2008 年 10 月 12 日，http：//www. gov. cn/test/2008 － 10/31/content_ 11 36796. htm。

中共中央：《关于一九八四年农村工作的通知》，1984 年 1 月 1 日，http：//www. ncfz. org/default3242. html 。

中共中央：《关于在农村建立人民公社问题的决议》，1958 年 8 月 29 日，http：//www. 360doc. com/content/11/0312/14/829250 _ 10046 4307. shtml。

中共中央：《关于制定国民经济和社会发展第十个五年计划的建议》，2000 年 10 月 11 日，http：//cpc. people. com. cn/GB/64162/71380/71382/71386/4837946. html。

中共中央：《关于做好农户承包地使用权流转工作的通知》，2001 年 12 月 30 日，http：//news. xinhuanet. com/zhengfu/2002 － 11/05/content_ 618438. htm。

中共中央：《农村人民公社工作条例修正草案》，1962 年 9 月 27 日，http：//www. moa. gov. cn/zwllm/zcfg/flfg/200601/t20060120_ 539367. htm。

中共中央：《中国共产党十一届三中全会公报》，1978 年 12 月 22 日，

http：//news. xinmin. cn/domestic/shizheng/2008/12/02/1456542. html。

中共中央：《中国土地法大纲》，1947 年 9 月 13 日，http：//baike. baidu. com/link？url = YLLuPuYKN4IDpbMFmSc9iq BlNUxKvVugO7 YLfjR6bAWyLZi0N4WPFih_ wUPJMBPaizG9g － y3i7bDx_ 8k gj6PJK。

中共中央批转：《全国农村工作会议纪要》，1982 年 1 月 1 日，http：// vip. chinalawinfo. com/newlaw2002/slc/slc. asp？gid = 109228 。

中央人民政府委员会：《中华人民共和国土地改革法》，1950 年 6 月 30 日，http：//www. npc. gov. cn/wxzl/wxzl/2000 － 12/10/content_ 4246. htm。

钟涨宝、聂建亮：《建立健全农村土地承包经营权退出机制初探》，《理论与改革》2010 年第 5 期。

周诚：《土地经济学原理》，商务印书馆 2003 年版。

周其仁：《农地制度以俄为师》，《21 世纪经济报道》2002 年 9 月 2 日。

周天勇：《土地制度的供求冲突与其改革的框架性安排》，《管理世界》2003 年第 10 期。

周也奇、朱玉碧：《推进重庆市户籍制度改革的土地退出机制构建探讨》，《中国外资》2011 年第 7 期。